AF155431

MIX
Papier aus verantwortungsvollen Quellen
Paper from responsible sources
FSC® C105338
FSC
www.fsc.org

Valentina Lukina
Denis Lukin

The integrated system "Target-Kaizen-AB costing" as a management mechanism of companies' activities
(published in Russian)

ИНТЕГРИРОВАННАЯ СИСТЕМА «ТАРГЕТ-КАЙЗЕН-АВ-КОСТИНГ» КАК МЕХАНИЗМ УПРАВЛЕНИЯ ДЕЯТЕЛЬНОСТЬЮ КОМПАНИИ

Anchor Academic
Publishing

Lukina, Valentina, Lukin, Denis: The integrated system "Target-Kaizen-AB costing" as a management mechanism of companies' activities (published in Russian). ИНТЕГРИРОВАННАЯ СИСТЕМА «ТАРГЕТ-КАЙЗЕН-АВ-КОСТИНГ» КАК МЕХАНИЗМ УПРАВЛЕНИЯ ДЕЯТЕЛЬНОСТЬЮ КОМПАНИИ, Hamburg, Anchor Academic Publishing 2016

Buch-ISBN: 978-3-96067-060-5
PDF-eBook-ISBN: 978-3-96067-560-0
Druck/Herstellung: Anchor Academic Publishing, Hamburg, 2016
Covermotiv: © pixabay.de

Bibliografische Information der Deutschen Nationalbibliothek:
Die Deutsche Nationalbibliothek verzeichnet diese Publikation in der Deutschen Nationalbibliografie; detaillierte bibliografische Daten sind im Internet über http://dnb.d-nb.de abrufbar.

Bibliographical Information of the German National Library:
The German National Library lists this publication in the German National Bibliography. Detailed bibliographic data can be found at: http://dnb.d-nb.de

All rights reserved. This publication may not be reproduced, stored in a retrieval system or transmitted, in any form or by any means, electronic, mechanical, photocopying, recording or otherwise, without the prior permission of the publishers.

Das Werk einschließlich aller seiner Teile ist urheberrechtlich geschützt. Jede Verwertung außerhalb der Grenzen des Urheberrechtsgesetzes ist ohne Zustimmung des Verlages unzulässig und strafbar. Dies gilt insbesondere für Vervielfältigungen, Übersetzungen, Mikroverfilmungen und die Einspeicherung und Bearbeitung in elektronischen Systemen.

Die Wiedergabe von Gebrauchsnamen, Handelsnamen, Warenbezeichnungen usw. in diesem Werk berechtigt auch ohne besondere Kennzeichnung nicht zu der Annahme, dass solche Namen im Sinne der Warenzeichen- und Markenschutz-Gesetzgebung als frei zu betrachten wären und daher von jedermann benutzt werden dürften.

Die Informationen in diesem Werk wurden mit Sorgfalt erarbeitet. Dennoch können Fehler nicht vollständig ausgeschlossen werden und die Diplomica Verlag GmbH, die Autoren oder Übersetzer übernehmen keine juristische Verantwortung oder irgendeine Haftung für evtl. verbliebene fehlerhafte Angaben und deren Folgen.

Alle Rechte vorbehalten

© Anchor Academic Publishing, Imprint der Diplomica Verlag GmbH
Hermannstal 119k, 22119 Hamburg
http://www.diplomica-verlag.de, Hamburg 2016
Printed in Germany

Оглавление

Глава 1. Основные механизмы учета затрат для улучшения результатов предпринимательской деятельности

Проведенные исследования поведения и признаков группировки затрат, их снижение - это необходимое, но достаточное условие для процветания предпринимательской деятельности. Для достижения высоких результатов предпринимательской деятельности необходимо обеспечить рост прибыли с учетом рыночной конъюнктуры. Кроме этого, необходимо обеспечить улучшение нефинансовых показателей, которые требуют понимания, совершенствования их оценки. Как свидетельствует зарубежная практика, в системе управления затратами особое место уделяется современным методам учета затрат.

Новым и перспективным направлением учета затрат считается концепция цепочки ценностей. Так, Дж. Шанк и Г. Говиндаражан считают, что современный управленческий учет должен сосредоточить внимание на процессах, происходящих внутри компании, т.е. на ее закупках, изделиях и покупателях, сосредоточив свое внимание на добавленной ценности, начиная от закупки и заканчивая покупателями продукции. Ключевым моментом этой стадии считается доведение до максимума добавленной стоимости к производственному процессу. Однако, по мнению многих ученых, эта система не лишена недостатков, так как основной проблемой считается, что она начинается «слишком поздно» и заканчивается «слишком рано» [1]. Другие наоборот, придают большое значение анализу цепочки ценностей в плане управления затратами, так как эффективное управление затратами требует более широкого рассмотрения и выхода за пределы конкретной компании.

Российские специалисты придают этой системе существенное значение, считая, что система позволяет классифицировать затраты от начальной стадии заготовки сырья и производства, до конечных потребителей по стратегически важным видам предпринимательской деятельности. Одним из направлений, по нашему мнению, является использование модели Порето по управлению затратами, что позволяет их классифицировать по важности участия в производственном процессе.

Поэтому в разработке стратегии управления затратами отводится анализу цепочки добавленной ценности в условиях конкуренции, основываясь на том, как эффективнее своих конкурентов компания управляет своей цепочкой ценностей. Таким образом, сравнительный анализ цепочки ценностей с информацией конкурентов позволяет выявить преимущества, определить недостатки управления затратами и установить факторы, которые на них влияют [4].

Следующим современным методом управления затратами можно считать функциональный учет затрат (АВ-костинг), как способ выявления затратных видов деятельности операций и функций.

Этот метод появился совсем недавно, и обусловлен тем, что с развитием прогрессивных технологий, усложнением задач управления и соответствующим ростом и квалификацией управленческого персонала существенно возросла доля накладных издержек, распределение которых традиционным методом по одной ставке распределения выдает менее точную себестоимость.

Так, согласно методу АВ-костинг, традиционные способы группировки накладных издержек по номенклатуре статей затрат необходимо трансформировать по видам деятельности, потребовавшие затрат для выполнения своих функций. Затем прослеживаются на основе причинно-следственной связи до видов деятельности, и далее к продуктам через систему факторов затрат. При использовании функционального метода включается большее количество носителей затрат в сферу распределения косвенных затрат, что и позволяет повысить точность калькулирования и расчета себестоимости продукта, так как выбранные факторы затрат более тесно позволяют связать понесенные затраты видами деятельности с производимыми продуктами. Объектом учета затрат в функциональном методе выступают отдельные виды деятельности, операции, функции, а объектом калькулирования – вид продукции, работ, услуг [9].

Для улучшения результативности предпринимательской деятельности каждый хозяйствующий субъект стремится к повышению эффективности своей деятельности путем более рационального использования ресурсного потенциала. Что позволит оптимизировать прибыльность предпринимательской деятельности, улучшить качество выпускаемой продукции. В связи с этим изменяется подход к экономическим процессам, происходящим в организации, и выделяется блок управление затратами, представленный в виде блок-схемы на рисунке 1.

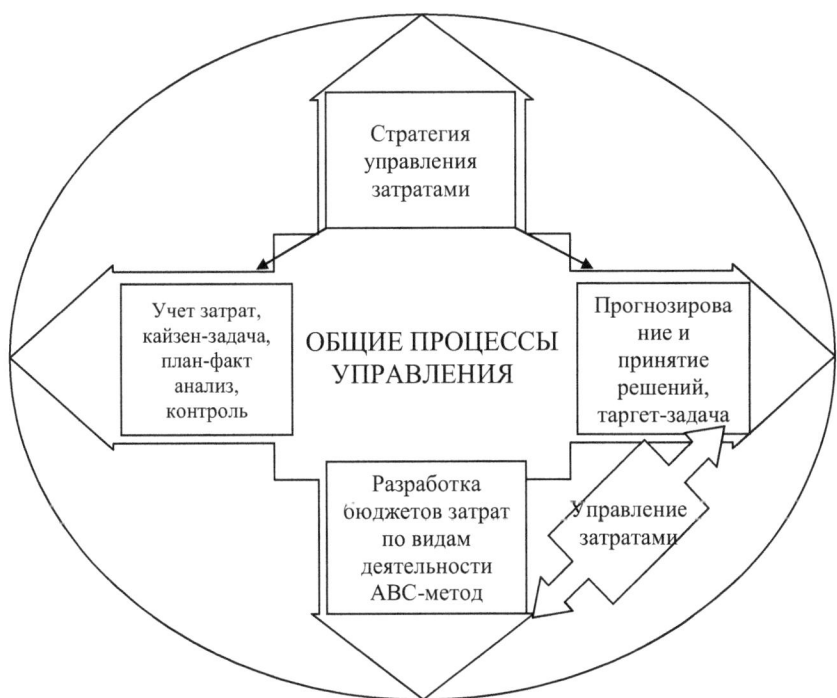

Рисунок 1 – Блок-схема процесса управления затратами и результатами предпринимательской деятельности

Предложенная блок-схема на рисунке 1, позволит эффективно управлять ресурсами, используемыми для осуществления предпринимательской деятельности в стратегических целях, так как перед разработкой прогнозных индикаторов (Таргет-задача) необходимо рассмотреть поведение затрат и перераспределить их по видам деятельности (АВС-метод). Данная норма позволит менеджерам иметь информацию о потраченных ресурсах на выполняемые виды деятельности, и какова отдача от них, так как именно затратная часть результата вытекает из доходной (кайзен-задача), а не наоборот, что позволяет эффективно управлять финансово-экономическими показателями бизнес-процессов.

Методическая и последовательная работа по всем направлениям должна привести к улучшению результативности предпринимательской деятельности и оценена как количественно, так и качественно.

Формирование себестоимости по методу АВС производится по схеме, предоставленной в рисунке 2.

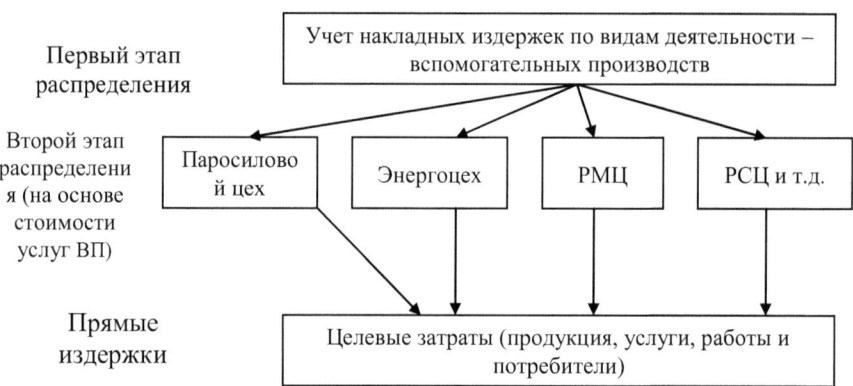

Рисунок 2 - Двухэтапный процесс распределения затрат (без учета взаимного распределения услуг вспомогательными цехами)

Как показал сравнительный анализ использования функциональной и традиционной системы учета затрат, они различаются уровнем сложности. Традиционная система характеризуется упрощенной схемой распределения накладных издержек, базирующейся на одной ставке распределения затрат (традиционно, базой распределения является заработная плата производственных рабочих), а функциональная система (AB-costing) использует различные базы, учитывающие причинно-следственные связи между видами деятельности и понесенными для их выполнения затратами, что и определяет уровень сложности в конечном итоге системы калькулирования [9].

Преимущество метода ABC проявляется в том, что его можно использовать как инструмент стратегического управления затратами. А управление затратами по отдельным видам деятельности выступает инструментом для эффективного планирования и контроля затрат и в конечном счете для их доведения до целевой себестоимости.

Для поиска лучших предпринимательских решений в системе управления затратами можно использовать информацию о составе затрат на ранней стадии жизненного цикла продукта, от его зарождения до упадка, что позволяет разделить учет на инновации (первая стадия), производства и продаж (последующие стадии).

Такой подход к исследованию затрат называется система калькулирования затрат полного жизненного цикла или Total-Life-Cycle Costing (TLCC). Он позволяет оценить состав и объем не только понесенных в процессе производства затрат, но и связанных с этим затрат на стадии проектирования нового продукта, и его послепродажного обслуживания. Эта информация необходима при принятии решения о запуске в разработку нового продукта или о его снятия с производства, как не пользующегося спросом.

Методика калькулирования затрат полного жизненного цикла продукта основана на том, что затраты, связанные с изготовлением конечного продукта, образуются из набора ресурсов и последовательности вмешательства в него, а также затрат, связанных с содержанием незавершенного производства.

Отсюда, решающим моментом формирования стратегии предпринимательской деятельности служит ориентир на продукцию и услуги, по которым компания имеет конкурентное преимущество, в том числе в целях формирования продуктового портфеля. Продуктовый портфель должен быть сбалансирован и в него должны входить продукты, находящиеся на разных стадиях жизненного цикла [2].

В современном бизнесе один из главных факторов успеха и конкурентоспособности предпринимательской деятельности является разработка инновационной продукции. В связи с тем, что современные рынки изменчивы, а технологии прогрессируют значительно быстрее чем появляется товар на рынке, то в результате возникла необходимость в разработке методологии учета затрат и калькулирования себестоимости инновационных продуктов.

Одним из представителей быстро меняющихся технологий является производство в Японии, где и был предложен новый метод учета затрат, получивший название метод калькулирования целевой себестоимости «Таргет-костинг». Этот метод базируется на разработке себестоимости по предварительно рассчитанной цене реализации инновационного продукта.

Управление затратами и результатами финансово – хозяйственной деятельности компаний представляет собой одно из самых сложных направлений механизма комплексного управления финансами и деятельностью организации в стратегическом направлении и нуждается в применении современных инструментов снижения затрат.

Для оперативного решения перечисленных задач целесообразно, на наш взгляд, использовать на первом этапе целевую себестоимость – систему «Таргет-костинг», которая базируется на расчете себестоимости продукта определенной на основе ранее установленной цены по результатам маркетинговых исследований и представляет ожидаемую рыночную цену продукта. И для определения целевой себестоимости продукта показатель прибыли, заложенный при стратегическом развитии компании, вычитается из ожидаемой рыночной цены. На последующих этапах производственного процесса все сотрудники, отвечающие за свои этапы разработки, проектируют все стадии по изготовлению продукта, соответствующие величине целевой себестоимости.

Следующим условием успешной предпринимательской деятельности служит ориентировка их бизнеса на выпуск высококачественного и конкурентоспособного продукта при минимизации затрат на его производство. Отсюда вытекает значимость использования передовых методов управления производством для выполнения стратегической задачи по развитию предпринимательской деятельности, применяемых в экономически развитых странах.

Глава 2. Интегрированная система учета затрат «Таргет-Кайзен-АВ-костинг», как механизм управления предпринимательской деятельностью

Для подтверждения такой стратегии улучшения управления предпринимательской деятельностью, обратимся к работам Майкла Портера, который высказал мысль, что большинство лидеров бизнеса пользовались весьма ограниченным набором конкурентных стратегий. Он утверждал, что продавая дешевле, чем другие необходимо, во-первых, производить продукт отличный от других, и, во-вторых, сконцентрировать основное внимание на его качестве - вот основные рецепты успеха, актуальные как вчера, так и сегодня для бизнеса различных направлений деятельности.

В рыночных условиях деятельность любой компании, с целью их выживания и развития бизнеса, должна ориентироваться на выпуск конкурентоспособной и высококачественной продукции при снижении затрат на ее производство и сбыт.

В создавшихся условиях особую значимость приобретает применение современных методов управления предпринимательской деятельностью.

Анализируя создавшуюся ситуацию и требования современно рынка, возникает мысль о том, каким образом предприниматели добиваются успеха. В связи с чем, все больше убеждаешься в правоте Майкла Портера, который высказал мысль, что большинство лидеров бизнеса пользовались весьма ограниченным набором конкурентных стратегий. На самом деле, учитывая рекомендации ученого, продавай дешевле, чем другие, сделай продукт отличным от других, сконцентрируйся на качестве - вот результат успеха, который актуален на современном этапе развития предпринимательской деятельности [4].

Анализ практики деятельности ряда компаний, показал, что в ряде случаев менеджеры начинают реально уделять внимание сокращению затрат только тогда, когда продукт уже находится в производственной стадии его жизненного цикла. После анализа такой ситуации формируется видение того, что себестоимость продукта значительно выше, чем планировался результат от его производства. В связи с чем, многие руководители начинают задумываться о том, почему происходят подобные ошибки и можно ли их просчитать заранее, и спрогнозировать ситуацию, чтобы их не допускать? А проблема состоит в том, что затраты на производство продукта были не достаточно просчитаны.

Проведенные исследования японских специалистов по производственному менеджменту и управленческому учету показали, что еще в 60-е годы прошлого века они предложили совершенно новый подход к управлению затратами и результативностью деятельности компаний. Для этих целей разработали концепцию по управлению затратами, исходя из задач целевой себестоимости, так называемую - систему «Таргет-костинг» (Target costing) [5].

Возникновение данной системы связано с ранее появившимся в экономической политике понятием «Таргетинг» («Target» (англ.) - цель, мишень), дословно под этой системой понимается система принимаемых мер, направленная на выявление приоритетных отраслей развития, с целью получения соответствующей поддержки для завоевания прочных позиций на мировом рынке и возможности притянуть за собой остальные отрасли. К приоритетным отраслям, прежде всего, относятся высокотехнологичные отрасли производства, а идея системы «Таргетинг», позволяет в первую очередь, решать проблемы эффективности в высокотехнологичных отраслях на основе изучения экономических закономерностей, происходящих в процессе развития этих отраслей.

Анализируя факторы возникновения системы «Таргет-костинг», выявлено, что в последние десятилетия XX века существенно произошли изменения в технологии ведения бизнеса. В современных условиях одним из главных факторов успеха деятельности и повышения конкурентоспособности продукции компаний являются инновационные идеи.

Поэтому предприниматели многих отраслей производства продавать товары большими партиями уже не могут, опираясь только на устоявшие рынки и технологии, так как в рыночных условиях требуются новые продукты, изготовленные по новым технологиям. В этих условиях менеджеры задумываются о новых подходах к управлению, ориентируясь на изменчивое поведение потребителей, для чего вынуждены разрабатывать новые инструменты планирования, измерения, учета и контроля затрат, объединяющиеся усовершенствованной системой управления затратами.

Как показали исследования, традиционные методы управления и учета затрат, такие как нормативный метод и система «Стандарт-кост» полностью оправдывали себя в оперативном управлении затратами для выработки тактических задач управления. Однако в рыночных условиях ведения предпринимательской деятельности, ориентированной на выработку стратегического управления деятельностью, указанные системы снизили свою актуальность. И менеджеры пришли к выводу, что настало время пересмотра устоявшихся подходов к управлению затратами ввиду не соответствия выдаваемой информации требованиям современной конкурентной среды. В результате этих условий наиважнейшей задачей стала модификация методологии учета затрат и калькулирования себестоимости инновационных продуктов.

По результатам оценки перспективности применения новых систем, определили, что система «Таргет-костинг» является в сегодняшних условиях одной из наиболее перспективных путей решения этой задачи [7].

Изучение сущности системы «Таргет-костинг» показало, что это современная концепция управления, позволяющая определять стратегию снижения затрат и реализующая функции управления, а также предварительного контроля издержек и целевой себестоимости в соответствии со стратегическими задачи управления затратами и результатами предпринимательской деятельности.

На протяжении последних десятилетий система «Таргет-костинг» нашла свое применение в производственных компаниях, постоянно обновляющих свои модели и виды продукта. Исследования ведущих ученых показали, что «Таргет-костинг» используют около 80% ведущих японских компаний, таких как: Toyota, Nissan, Sony, Cannon, Olympus, и многие другие, а также американские и европейские компании, среди них можно выделить известные компании - Daimler/Chrysler, Procter & Gamble – и другие, которые применили эту систему и добились высоких показателей по качеству и рентабельности своей продукции.

Исследование концепции «Таргет-костинг» показало, что в основу ее идеи заложена обратная формула ценообразования: Себестоимость + Прибыль = Цена. Из этой формулы японские ученые вывели следующее равенство: Цена - Прибыль = Себестоимость, которое и легло в основу концепции «Таргет-костинг».

Трансформированная концепция формирования себестоимости позволила получить новый инструмент в достижении экономии затрат и предпроизводственного контроля в начальной стадии жизненного цикла продута - на стадии проектирования [6]. Блок-схема концепции целевой себестоимости представлена на рисунке 3.

Развивая идею системы «Таргет-костинг», пришли к выводу, что, прежде чем начинать производственный процесс любого продукта, необходимо еще на стадии проектирования задать координаты прибыли исходя из предполагаемой цены реализации. Цена реализации прогнозируется на основе проведения маркетинговых исследований и определяется как фактически ожидаемая рыночная цена продукта или услуги. Вторым фактором прогнозной прибыли является расчетная себестоимость продукта или услуги, которая получила название целевой, для возможности обеспечения прогнозируемой прибыли (то есть ее назначение - выполнение цели по получению прибыли).

Рисунок 3 - Блок-схема воздействия факторов, на процесс достижения целевой себестоимости

Определив целевую себестоимость, основные участники по подготовке и обеспечению производственного процесса работают над тем, чтобы спроектировать и изготовить продукт, отвечающий по затратам целевой себестоимости. Рассмотрим, в чем же выражаются основные преимущества целевой себестоимости от традиционно применяющихся систем.

Во-первых, установка на целевую себестоимость требует проводить поэтапный контроль в процессе разработки нового продукта относительно затрат на его производство, что сподвигает менеджеров постоянно осуществлять контроль затрат и принимать нестандартные решения, развивая инновационное мышление.

Во-вторых, в процессе производственной деятельности сравнение затрат по целевой себестоимости с фактически возможными затратами заставляет технологов не применять и не вносить изменения в технологию и материалы, которые могут привести к удорожанию затрат.

Таким образом, процесс приобретает инновационный характер, начиная от проектирования до производства и реализации проекта, не выходя за рамки целевой себестоимости. Алгоритм управления затратами по целевой себестоимости показывает двустороннее движение к целевой себестоимости от разработки продукта, маркетинговых исследований, что позволяет выявить реализационную цену, до определения целевой себестоимости, начиная с проекта и постоянного совершенствования на стадии производства на основе управления видами деятельности.

Таким образом, основная идея, заложенная в этой концепции, заключается в том, что с одной стороны, направлены усилия на определение целевой себестоимости, а с другой, приведение к соответствию целевой себестоимости к ее сметному значению. Чтобы эту идею концепции воплотить в жизнь, необходим грамотный управленческий персонал для выявления возможной разницы между ними и разработки мероприятий по ее ликвидации.

Отсюда встает вопрос, на сколько необходимо сократить издержки, чтобы обеспечить запланированную себестоимость? Процесс вычисления величины целевого сокращения затрат можно осуществить в четыре этапа и схематично представлен на рисунке 4.

Рисунок 4 - Блок-схема определения суммы целевого сокращения затрат

Как уже отмечалось выше, множество компаний уже применяют систему «Таргет-костинг» в разных отраслях промышленности, поэтому остановимся лишь на некоторых характерных примерах.

По результатам исследования выявлено, что успешно применяется система «Таргет-костинг» в японской автомобилестроительной отрасли. Одной из них является корпорация Nissan, уже использующая систему «Таргет-костинг» для достижения двух целей: первой – маркетинговая - предоставление покупателям качественного образца автомобилей и, второй – внутренняя для акционеров - достижение целевой прибыли.

В результате система «Таргет- костинг» способствует специалистам Nissan осуществлять контроль за расчетом производственных затрат еще на стадии проектирования продукта, так как на этой стадии проще вносить изменения в дизайн автомобиля и его комплектацию, чем на стадии производства [3].

Исследуем порядок внедрения системы «Таргет-костинг» в американской корпорации Chrysler, добившейся значительных успехов в данной области. Исходя из истории ее развития выявлено, что в 1990 г. фирма оказалась в сложной финансовой ситуации. Так, прибыль снижалась, выручка падала, а рыночная стоимость акций снизилась до 10 долларов за одну акцию. На другом рынке в японской автомобильной индустрии наоборот, деятельность развивалась, и японские компании стали завоевывать американские рынки.

Отмеченные условия, вынудили менеджеров компании Chrysler принять радикальные изменения в управлении компанией и стратегией ее деятельности. Одним из кардинальных решений стало внедрение системы целевой себестоимости, которая успешно применялась в конкурирующих компаниях. Согласно концепции, систему целевой себестоимости стали внедрять, начиная с процесса проектирования и разработки всех новых моделей, включая и новый небольшой автомобиль Neon, предназначенный для покупателей с невысокими доходами. Идею нового автомобиля сформулировали на основе проведенного маркетингового исследования доходов населения. В результате маркетингового исследования сотрудники компании выявили, что население с небольшим доходом, особенно женского пола, в этот период времени должно выйти на работу, и им нужна соответствующая автомашин, ее модель назвали - Neon. Результат использования системы «Таргет-костинг» позволил новую модель Neon признать лучшим автомобилем 1994 года. Период разработки новой модели от создания до вывода на рынок занял всего один год, и модель соответствовала высочайшим требованиям экологической безопасности и, в то же время признана единственной в классе небольших дешевых автомобилей, приносящей прибыль.

Корпорация Chrysle, после внедрения системы целевой себестоимости в течение пяти лет нарастила производственные обороты, прибыль существенно возросла, и рыночная цена акций достигла уровня с 10 долларов за одну акцию в 1990г и до 50 долл. в 1995г.

Аналогичных примеров существует множество, и каждый из них диагностирует практическую пользу системы целевой себестоимости. Таким образом, концепция целевой себестоимости может определить как стратегию, приводящей рынки в действие, и позволяет принимать стратегические решения по управлению предпринимательской деятельности.

Проведенные исследования механизма применения системы целевой себестоимости позволили сделать вывод о том, что ее применение технически не сложно для внедрения в российских компаниях

Для внедрения системы «Таргет-костинг» необходимо:

Во-первых, создать команду, тесно взаимодействующую между подразделениями и сотрудниками.

Во-вторых, обеспечить доверие между сотрудниками, с целью не допущения разбалансированности действий между ними.

В-третьих, из-за возможно длительного периода разработки нового продукта, связанного перепроектированием, нужно вовремя остановить процесс исследования, так как задуманный продукт может не попасть на рынок из-за не соответствия условиям рынка.

В-четвертых, может самое главное, разъяснение концепции целевой себестоимости между руководителями каждой стадии, чтобы не было прессинга одной из сторон, стремящихся любыми путями обеспечить целевую себестоимость. Так, проектировщики могут стремиться сократить производственную себестоимость, маркетологи отказаться от предложения снижения затрат на сбыт и продвижение продукта к конечному потребителю.

Таким образом, для внедрения системы целевой себестоимости, как отмечалось ранее, необходимо создать команду, работающую на единую цель под единоначалием. И самое главное, необходимо проводить контроль на всех стадиях реализации продукта для своевременного выявления негативных фактов, возможных появится на одной из стадии проекта, решая Кайзен-задачу.

В заключение механизма применения системы целевой себестоимости отметим основные моменты, направленные на оптимизацию предпроизводственных задач и участия в управлении компанией [8].

Во-первых, в концепции целевой себестоимости особое внимание уделяется функции маркетинга и проектирования, так как они создают начало процесса, а полученный в производство продукт должен отвечать всем ожиданиям потребителей с соответствующими характеристиками и запланированной цене реализации.

Для выполнения этих условий вся производственная деятельность компании координируется и направляется по руслу, определенному в стратегии целевой себестоимости.

Во-вторых, система «Таргет-костинг» взаимодействует с процессом бюджетирования, прогнозирования прибыли, определения центров ответственности и видов деятельности, различными стратегиями ценообразования и другими оценочными процедурами. По этим функциям можно отметить, что система целевой себестоимости интегрируется в стратегический управленческий учет затрат.

В-третьих, концепция целевой себестоимости отличается от системы «Стандарт-кост», популярной в управлении текущих затрат. Так, эта система применяется в оперативной деятельности с целью осуществления контроля затрат и оценки результатов текущей деятельности, а «Таргет-костинг» нацелена на поддержание стратегии снижения затрат, заданной на стадии проектирования продукта и относится к стратегическому инструменту управления результатами деятельности.

В-четвертых, система целевой себестоимости направлена на изучение в основном внешних факторов.

Все выше перечисленные факторы указывают на достаточно высокую ценность информации, выдаваемой системой «Таргет-костинг», и о возможности ее применения в российской практике учета. «Таргет-костинг», как показали исследования, является действенным инструментом современного менеджмента и позволяет оказать помощь предпринимателю в достижении запланированных результатов предпринимательской деятельности.

В качестве еще одного эффективного инструмента управления затратами и снижения себестоимости продукта, широко применяемого в международной практике, следует отнести систему «Кайзен-костинг».

Вообще, философия «Кайзен» («Кайзен» япон. - улучшение, усовершенствование маленькими шагами) определяется как постоянное движение вперед и постоянный поиск возможностей улучшить окружающий мир.

Понятие же «Кайзен-костинг» более определенное и означает разработку условий по обеспечению заданной величины и поиска путей снижения затрат до уровня целевой себестоимости продукта. И, как показали исследования, возможности применения системы «Кайзен-костинг» в развитых японских компаниях заключаются в том, что она выступает основным элементом управленческого учета в Японии. Основная идея применения концепции «Кайзен-костинг» в Японской практике управления затратами обусловлена тем, что в последние два десятилетия прошедшего столетия на мировом рынке развернулась борьба за качество продукта. И как следствие, возникла задача управления затратами. В связи с чем, японские менеджеры стали использовать систему «Кайзен-костин» как основной инструмент для снижения затрат, достижения целевой себестоимости и обеспечения запланированной прибыли производства.

Исследование истории возникновения новых систем учета позволило выявить, что в отличие от системы «Таргет-костинг», которая была создана в

Японии на базе американской концепции VE (value engineering), система «Кайзен-костинг» относится к чисто японской практике.

В западной практической деятельности эта система стала применяться только со второй половины 80-х годов XX века, когда появились первые публикации о роли системы «Кайзен-костинг» в японских промышленных корпорациях. В этой литературе ее понятие трактовалось как подход к управлению затратами, который, взаимодействуя с системой «Таргет-костинг» на разных стадиях процесса производства, обеспечивает достижение запланированного результата [6].

Идея системы «Кайзен-костинг» состоит в том, что она фокусирует свое внимание на сокращении затрат на второй стадии жизненного цикла продукта - производственной. Это обусловлено тем, что, как только, разработанный продукт зашел на стадию производства, вносить существенные изменения в целях сокращения затрат сложно и экономически не целесообразно. При этом если система «Стандарт-кост», рассматриваемая как метод оперативного контроля ориентирована на постоянство производственного процесса, то «Кайзен-костинг» на его порционное совершенствование, т.е. небольшими порциями, но на постоянной основе сокращения затрат. В то же время система «Стандарт-кост», исходя из ее сути, ориентирована на достижение заложенных стандартами норм эффективности, а фактические и нормативные затраты сравниваются в том случае если стандарты те достигнуты. Система «Кайзен костинг» наоборот нацелена на сокращение затрат, т.е. анализ проводится тогда, когда не достигнуты целевые параметры снижения производственных затрат. Таким образом, в основе «Кайзен-костинг» воплотилась идея учета затрат по нормам. Норма сокращения затрат формируется отношением запланированной суммы сокращения затрат к базовой их величине по целевой себестоимости. Нормативный коэффициент применяется при расчете целевого задания сокращения затрат (Казен-задача) как по всем переменным затратам, так и на обслуживание производства, и рассматривается в дальнейшем как целевое задание по снижению издержек, распространяется последовательно по всем стадиям производственного процесса как основного, так и вспомогательного направления. Затем сравниваются величины фактически достигнутого сокращения затрат с заданными значениями. По результатам сравнения устанавливаются и анализируются причины, не позволившие достичь целевого сокращения затрат.

Таким образом, изучив идею системы «Кайзен-костинг» можно отметить, что она приобрела важнейшую форму инструмента, приводящего к снижению себестоимости продукта, и входит в общий инструментарий систем управления затратами в компании. На основании этого можно отметить, что модель «Кайзен-костинг» неотделима от управления затратами. Однако, многие авторы останавливаются только на двух системах «Таргет-Кайзен», но наш взгляд наибольшую роль в достижении целевой себестоимости на производственной стадии можно отнести функциональной системе.

Отсюда, на основе проведенного исследования применения современных инструментов управления затратами можно заключить, что основными моделями эффективной системы управления затратами (Cost Management System) являются три направления: это «Таргет-Кайзен-АВ-костинг», информация которых, интегрируя между собой, используется как инструмент управления компанией для достижения стратегических целей и задач достижения результата предпринимательской деятельности. Модель тройственной системы управления затратами изображена на рисунке 5 [8].

Как показывает блок-схема (рисунок 5), проникновение информации от одной системы (Таргет-костинг) в другую (Кайзен-костинг) и по функциям (АВ-костинг) позволяет в компании организовать и постоянно осуществлять политику снижения себестоимости для достижения ее целевых параметров, принимать решения по эффективному инвестированию финансовых ресурсов в новые продукты, увязывать между собой разнонаправленные действия специалистов, вовлеченных в производственный процесс, и совместными усилиями добиваться достижения результатов предпринимательской деятельности [8].

Рисунок 5 - Концепция управления затратами по предлагаемой интегрированной системе «Таргет-Кайзен-АВ-костинг»

Во многих источниках, описывающих японскую модель управления производством и систему управленческого учета затрат, подчеркивается взаимосвязь между двумя из упомянутых выше - систем «Таргет-Кайзен-костинг», не затрагивая роли функциональной системы [8].Однако, в процессе исследования нами выявлена возможность влияния на обеспечение заданной себестоимости всех трех систем, которые мы предлагаем объединить их в интегрированную модель, состоящую из трех систем.

Как уже было показано выше, они вошли в единую систему управления затратами, поэтому рассмотрим механизм взаимодействия между ними.

Так как, исходя из стоящих перед системами «Таргет-костинг», «Кайзен-костинг» и «АВ-костинг» задач, определили, что они совместно способствуют целевому сокращению затрат, но выполняют эту функцию на разных стадиях жизненного цикла продукта.

Так на стадии предпланирования, роль отводится системе «Таргет-костинг» по определению необходимой величины целевой себестоимости, на стадии разработки в производство продукта ставится задача «Кайзен-костингу» по разработке контрольных параметров, выданных целевой себестоимостью, на стадии производства, подключается система «АВ-костинг» и доводит контрольные параметры, выданные «Кайзен-костинг» до уровня целевой себестоимости, и завершается АВС-анализом для выявления и отбора проблем с целью установления основных факторов, с которых нужно начинать действовать и распределять усилия для эффективного разрешения этих проблем и управления предпринимательской деятельностью.

Интегрируя вместе, эти системы выдают компании информацию для выработки конкурентного преимущества в отношении ценообразования, что позволяет выбирать удобную ценовую политику для проникновения на рынок, либо удерживать позиции на соответствующем секторе рынка [7].

Как видно из блок-схемы (рисунок 5), последовательное встраивание интегрированной системы «Таргет-Кайзен-АВ-костинг» на протяжении жизненного цикла продукта в механизм снижения себестоимости позволит получить общий эффект, заложенный в целевой себестоимости (Таргет-костинг), закрепленный в нормативных значениях по затратам (Кайзен-костинг), доведенный до контрольных функций на стадии производства (АВ-костинг).

Важной составляющей процесса применения интегрированной модели «Таргет-Кайзен-АВ-костин» является определение задач по каждой стадии жизненного цикла продукта, то есть формирование их для решения проблем с целевым снижением составляющих статей затрат и себестоимости продукта на стадиях проектирования, разработки и его производства. В дальнейшем сотрудники компании обеспечивают выполнение целевых показателей, установленных интегрированной моделью.

Результат применения интегрированной модели проявляется в том, что ее конечная себестоимость должна быть равной или не превышать обозначенные целевые параметры. Отсюда, постановка и выполнение совместной задачи «Таргет-Кайзен-АВ» это длительный процесс, связанный с процессом бизнес-планирования в компании и ее подразделений. Менеджеры компании должны ежегодно изучать и пересматривать среднесрочные бизнес-планы и индикаторы по прибыли на последующий период. По результатам полученных данных о себестоимости продукта и заявок на его поставку составляется бюджет продаж. Производственный отдел формирует план производства для компании, а соответствующие отделы определяют плановые затраты по подразделениям и выполняемым функциям, отображая их в рабочей калькуляции. Вся информация поступает в отдел управления затратами, здесь оцениваются общие плановые затраты и составляется проектируемый бюджет о финансовых результатах. Показатели бюджета доходов и расходов сопоставляются с показателем целевой прибыли в среднесрочном бюджете о финансовых результатах, и прогнозируется разрыв в показателях прибыли и себестоимости, который и становится основой задачи интегрированной модели «Таргет-Кайзен-АВ» на следующий год. Программа целевого снижения затрат формируется по статьям затрат, входящими в модель «Таргет-Кайзен-АВ» для каждой группы по переменным издержкам. Постоянные издержки группируются отдельно по каждому подразделению компании и выполняемым функциям, после чего на основании показателей общей задачи по сокращению затрат и бюджетов переменных и постоянных затрат составляется сводный бюджет затрат для увязки всех возможных затрат. В текущем отчетном периоде сотрудники отдела управления затратами производят ежемесячную проверку выполнения контрольных и промежуточных параметров по целевому снижению переменных затрат и контрольных бюджетных постоянных затрат, указанных в модели.

Как показал анализ практики применения рассмотренных методов учета, особое внимание уделяется двойственной задаче «Таргет-Кайзен - костинг» в управлении затратами, однако включение в эту систему «АВ-костинг» не нашло применение. Кроме того в российской практике наибольшую значимость придается таким методам, как «система директ-костинг», «Система стандарт-кост» и др. В вязи с чем возникает вопрос: о возможности замены отработанных и хорошо зарекомендованных в российской практике этих систем.

Анализ возможности применения «Таргет-костинг», «Кайзен-костинг» «АВ-костинг» показал, что данные системы с используемыми методами калькулирования затрат не пересекаются. Так, «Стандарт-кост» в основном используется для управления затратами по отклонениям и оценки текущей результативности, а модель «Таргет-Кайзен-АВ-костинг» служит инструментом снижения затрат в стратегическом направлении, и выполняет совершенно иную функцию.

В предлагаемой модели основную нагрузку по обеспечению целевой себестоимости отводится функциональной системе учета затрат, приводящей в действие всю модель, кроме того в современных условиях управления затратами и результатами деятельности менеджмент компании определяет две группы основных задач как по срокам их решения, так и скорости реализации последствий таких решений в тактическом и стратегическом направлении. Одновременно возросшая конкуренция и борьба за рынки сбыта также привели к тому, что управленческие ошибки из-за решений, принятых на основе искаженной информации о затратах, становятся малопригодными и все более дорогими для принятия решений [1].

Так, если применяемая система учета затрат приведет к искажению информации о себестоимости продукта, то при завышенной себестоимости производства компания установит на него нереальную цену и уступит свои позиции конкурентам, только потому, что их система учета затрат позволяет получать о затратах более реальную информацию, что способствует устанавливать им более низкие цены на продукт. Подобные изменения заставили многие компании изучать и совершенствовать применяемые системы учета затрат, чтобы они позволяли выдавать реальную информацию о затратах по всему жизненному циклу продукта. Соответствующая информация позволит определять целевые затраты на продукт, выявлять убыточные виды деятельности, анализировать прибыль в разрезе продуктов и видов деятельности.

Для реализации этих проблем организации учета затрат интерес представляет концепция определения факторов их определяющих, схема которой представлена на рисунке 6.

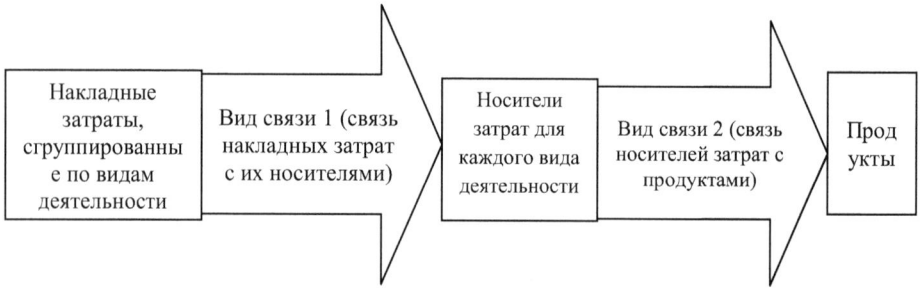

Рисунок 6 - Модель поглощения накладных издержек по функциональному методу (АВ-костинг)

Как показывает схема (рисунок 6), в рамках системы стратегического управления затратами стоимость оценивается и контролируется факторами, которые существенно влияют друг на друга. Это вытекает из того, что предпринимательская деятельность должна ориентироваться на выпуск высококачественного, конкурентоспособного и инновационного продукта при снижении затрат на его изготовление. Поэтому большое значение имеет применение передовых форм и методов организации учета затрат и результатов предпринимательской деятельности [7].

Развитие методического инструментария учета затрат и его применение в учетной практике и управленческом процессе российских компаний способствует изменению взглядов на методику определения себестоимости продукта. Еще недавно расчет себестоимости осуществлялся на основе постоянных и переменных затрат (Директ-костинг). Постоянные затраты при этом распределялись на себестоимость продаж, которая отражала полные производственные издержки, либо в себестоимость продукта не включалась, а относилась на продажи как затраты периода и себестоимость продукта в этом случае равнялась маржинальным издержкам [1].

Проведенные исследования существующей практики и современных методов учета затрат показали, что в практической деятельности компании для её осуществления сталкиваются с необходимостью использования долгосрочных ресурсов. Поэтому, равенство маржинальных издержек и доходов, исчисленных на основе системы директ-костинг, обеспечивает максимальный доход, но его применение эффективно лишь при определенных условиях. Это объясняется двумя причинами:

Первая заключается в том, что прямые затраты должны составлять большую часть издержек; а вторая - в перечне выпускаемых товаров по узкой номенклатуре – один или два вида, каждый из которой требует практически равных постоянных издержек, в противном случае показатели себестоимости будут искажены.

Поэтому такой подход к учету затрат и расчету себестоимости приводит либо к занижению добавленной стоимости на мелкосерийную продукцию и завышению на крупносерийную, что приводит к низким показателям доходов, отраженных в финансовом учете по сравнению с данными, исчисленными в управленческом учете, либо неоправданно высокую прибыль технологически сложных и инновационных продуктов по сравнению с менее сложными продуктами [5].

Следовательно, для реализации основной задачи – учета затрат, расчета себестоимости и оценки результатов деятельности – разделение затрат на постоянную и переменную составляющую не всегда приводит к адекватным и пригодным для управления данным о результативности деятельности компании. Поиск новых подходов, отражающих объективную информацию о затратах, позволил определить перспективное направление применяемых систем учета затрат по видам деятельности.

Система учета затрат по функциональным видам деятельности выражается в оценке происходящих процессов и выполняемых функций в цепочке создания ценности продукта. Цепочка ценностей разбивается на отдельные стратегические виды экономической деятельности, отвечающих следующим критериям:

1) они занимают существенную долю в общих затратах на производство;

2) возможность измерить и идентифицировать поведение затрат выделенного вида деятельности и факторов изменения затрат.

Цель применения предлагаемых современных методов учета затрат и калькулирования себестоимости заключается в достижении параметров целевой себестоимости, расчета более точной себестоимости продукта на основе Кайзен-задачи и функциональных видов деятельности и на этой основе осуществлять управление затратами и прибылью. Основные задачи, которые решаются внедрением предложенной модели, можно сформулировать следующим образом:

1) ценообразование на основе функциональных затрат;

2) постоянное, дозированное сокращение затрат;

3) бюджетирование по видам деятельности;

4) проектирование нового продукта по заданным параметрам;

5) анализ показателей рентабельности в разрезе продуктов;

6) снижение затрат и достижение целевой себестоимости через систему выделенных видов деятельности.

При применении данной концепции в компании, исходя из интегрированной модели, затраты исчисляются по факторам затрат на виды деятельности, за тем «прослеживаются» до конкретных продуктов через систему функциональных факторов затрат. Накладные издержки представляют собой основной объект учета и их анализа. Факторы (драйверы) затрат идентифицируются с одной стороны как факторы, оказывающие влияние на динамику накладных издержек, а с другой – как факторы, через которые они выражены.

Практика внедрения функционального метода позволила выявить еще одну принципиальную особенность действующих бизнес-процессов, которые могут повлиять на внедрение интегрированной системы: разделение всех происходящих процессов на две группы – добавляющие и не добавляющие ценность к производимому продукту.

Функциональный метод калькулирования себестоимости продукта и учета затрат по видам деятельности (ABC-метод) требует наличия хорошо организованной учетной системы и планирования, выделения и описания происходящих бизнес-процессов. При этом, предпринимательская деятельность должна быть представлена как единая модель затрат [7].

Основное требование к предлагаемому подходу выражается в том, что накладные издержки прикрепляются к продукту по мере их появления в функциональных видах деятельности в процессе реализации своих функций, а не локализуются на одном из собирательно-распределительном счете (25 или 26 счет) [2].

Принципиально важно проследить перенос функционального фактора накладных издержек, учитывая причинно-следственную связь понесенных накладных затрат видами деятельности и их обоснованность.

Рассмотрим этапы внедрения предлагаемой системы учета затрат и калькулирования.

Первый этап. Формирование видов деятельности в разрезе структурных подразделений и потребление накладных издержек видами деятельности для выполнения своих действий и функций. Так как в функциональной системе учета затрат по видам деятельности бизнес компании оценивается как определенный набор рабочих операций и функций. В свою очередь рабочие операции и функции определяют специфику деятельности, а выполнение деятельности связано с потреблением ресурсов (материальных, трудовых информационных и др.) и подлежат оценке результата деятельности, выраженного через функциональные факторы затрат.

На первом этапе применения функционального метода является определение перечня и последовательности рабочих операций и функций в компании посредством расчленения более сложных рабочих операций и выполняемых функций на простейшие составляющие с одновременным расчетом потребления ими ресурсов. Такая классификация затрат и операций позволяет выявить зависимость между поведением затрат и различными производственными событиями: выполнением работ, выполнением заказа, оказанием услуг, а также издержки, обеспечивающие функционирование компании в целом. Выполнение управленческой функции требует ввода пятого типа учета таких издержек – общехозяйственные функции.

Первые четыре типа операций и функций можно непосредственно отнести на конкретный продукт через производственные носители затрат.

Вторым направлением улучшения системы управленческого учета обеспечивающим философию непрерывных улучшений служит постановка кайзен-задачи по оптимальному соотношению между исходными ресурсами и выпускаемым продуктом. В прошлом компании старались изучать затраты на основе наблюдений и накопленных в ходе их данных и задавать стандартные операционные процедуры и требования к материалам и нормам расхода. Однако в современной конкурентной среде сравнение текущих показателей функционирования с прошлыми стандартами уже практически не работают. Чтобы успешно конкурировать, компания должна адаптировать философию непрерывных улучшений, а это постоянно осуществляемый процесс, в ходе которого происходит не прерывающий поиск методов снижения издержек, повышения качества и улучшения показателей предпринимательской деятельности, что в совокупности вызывает возрастание потребительской ценности или степени удовлетворенности пользователей.

Третий этап. В качестве механизма для достижения непрерывных улучшений («Кайзен-костинг») в современных инструментах управления деятельностью все активнее используется такой прием, как сопоставление с эталоном (бенчмаркингом). Это постоянный процесс оценивания результативности продуктов и услуг предпринимательской деятельности, ее видов деятельности в сравнении с наилучшими показателями других компаний. Цель этого этапа – выявить, каким образом, происходящие процессы и выполняемые виды деятельности могут быть оптимизированы. В принципе бенчмаркинг включает самые последние разработки, лучшие приемы и модели, которые могут быть встроены в различные виды операций, осуществляемых в структуре предпринимательской деятельности. Эту задачу можно решить, применив модель Парето (ABC-анализ) [4]. Алгоритм состоит из следующих элементов:

1) определить проблему, которую надлежит решить;

2) учесть все факторы (признаки), относящиеся к исследуемой проблеме;

3) выявить первопричины, которые создают наибольшие трудности, собрать по ним данные и их проранжировать;

4) построить диаграмму Парето, которая объективно представит фактическое положение дел в понятной и наглядной форме;

5) провести анализ диаграммы Парето.

Предлагаемый алгоритм постоянного совершенствования затрат представляет современный способ движения вперед в достижении конкурсптных стандартов. В результате чего сотрудники получают необходимый объем информации, позволяющий им осуществлять непрерывное улучшение процессов, которыми они непосредственно занимаются для решения кайзен-задачи. Разрешение сотрудникам выполнять такие действия без предварительного получения одобрения со стороны вышестоящего управленческого звена в настоящее время известно как наделение сотрудников более широкими полномочиями.

Таким образом, менеджеры таких компаний должны не только установить уровень затрат полного жизненного цикла продукта или услуг, но и определить методы снижения этих затрат по интегрированной модели «Таргет-Кайзен-АВ-костинг». При этом работа системы учёта затрат направлена не только на проектировщиков, разработчиков, менеджеров, но и на работников основного и обслуживающего производства. Это обусловлено тем, что современный управленческий учет отходит от традиционного построения системы, которая предоставляла информацию для отслеживания и контроля затрат.

Глава 3. Механизм организации учета затрат по интегрированной системе

В настоящее время в экономической литературе исследователей различных стран трудно найти универсальную методику интегрированной системы учета затрат и калькулирования себестоимости продукта. Большинство методических рекомендаций представляют собой общие описания, ориентированные на взаимосвязь концепции с маркетингом и направленных на рекомендации в области внутреннего учета либо слишком общие и поверхностные, что делает их неприменимыми в каждом конкретном случае, либо непрозрачные, насыщенные математическими выкладками, что требует мощной компьютерной поддержки.

Проблема состоит еще и в том, что концепция и правила ведения внутреннего учета, как и любые их изменения, формируются обособленно для каждой отдельной компании в зависимости от специфики ее деятельности, организационной структуры, применяемых методов учета и контроля.

Весь процесс модификации учета к интегрированной системе затрат можно представить в виде последовательных этапов, состоящих из трех крупных блоков:

Первый этап включает анализ существующей системы учета затрат: исследование организационной структуры и постановки учетной работы организации, документирования и методики расчета затрат.

На втором этапе - постановка требований к интегрированной системе.

На третьем - проектирование внедрения интегрированной системы учета затрат: доработка документооборота, создание методики расчета затрат и системы отчетности.

Рассмотрим подробно каждый из этапов.

1) Анализ существующей системы учета затрат.

Внедрение учета затрат по интегрированной системе в обществе начинается с анализа деятельности, существующей системы контроллинга, и в том числе управленческого учета. В ООО «ПКЦ Железобетон-5», как показал анализ существующей системы учета, отсутствует налаженная система управленческого учета и уж тем более контроллинга, однако имеется традиционная бухгалтерская система, в которой можно выявить ряд функций управленческого учета.

Основой постановки системы управленческого учета является производственный бизнес-процесс общества. Организационно-производственная структура оказывает непосредственное влияние на организацию управления затратами в таких аспектах, как информационное обеспечение на всех уровнях организации управления, порядок осуществления контроля затрат, своевременное выявление отклонений, поиск виновных лиц, обнаружение резервов повышения эффективности производства.

Для построения системы учета затрат по интегрированной системе в ООО «ПКЦ «Железобетон-5» необходимо определить прежде всего функциональные виды деятельности: снабженческо-заготовительный процесс, производственный процесс, сбытовой процесс, организационно-управленческий и т. п.

Внутри укрупненных объектов управления затратами выделяются более мелкие. Так в снабженческо-заготовительном процессе: планово-экономическая группа, материальная группа, диспетчерская группа, техническое бюро, складское хозяйство и т. д.

В производственном процессе выделение групп зависит исключительно от специфики данного производства, т. е. в данном случае это цехи, организационно-экономические отделы (начальник цеха, нормировщик-экономист) и т. п. Сбытовой процесс состоит из группы менеджеров, транспортного отдела, группы расчетов и т. п.

Каждый из объектов управления затратами является прежде всего местом их возникновения. Место возникновения затрат – это структурное подразделение (рабочее место, участок, цех), по которому организуется планирование, нормирование и учет издержек производства. Разработка планов затрат на производство позволяет определить величину затрат по видам, местам их возникновения, видам деятельности и функциональным службам.

Исследование организационной структуры в ООО «ПКЦ «Железобетон-5» показало, что возможны следующие пути повышения ее эффективности: определение выделенных центров затрат как центров ответственности, введение этапа координации целей и действий руководителей центров ответственности, совершенствование системы информационного сообщения между подразделениями, введение гибкой системы выявления и пресечения нарушений на пути к поставленным целям.

Второй этап заключается в исследовании документирования, методик расчета затрат и основывается на анализе бухгалтерских проводок, соответствующих распределению затрат между местами возникновения затрат и расчету себестоимости продукции. Основным элементом для выполнения этого этапа являются сведения о структуре мест возникновения затрат основных и обеспечивающих производств, и возможности выделения видов деятельности и функциональных служб, а также полный перечень объектов калькулирования, в качестве которых выступает как готовая продукция, так и услуги вспомогательных производств, для которых определяется производственная себестоимость. Далее, анализируется существующая в обществе методика формирования и распределения издержек по обеспечивающим центрам затрат, а также базовые показатели перераспределения накладных издержек основных центров затрат по видам продукции, оказываемым услугам и выполненным работам, то есть носители факторов затрат. Завершается второй этап порядком расчета себестоимости конечного продукта и формированием внутренней отчетности, предоставляемой для специалистов общества. При этом анализируются возможные данные, которые лягут в основу внутренней отчетности, периодичность их составления и для кого они предназначены.

Исследование организации учета затрат в ООО «ПКЦ «Железобетон-5» показали, что он ведется в соответствии с принятым для использования в бухгалтерском и планово-экономическом учете «Регламентом учета готовой продукции, незавершенного производства, распределения затрат и калькуляции себестоимости». Этот Регламент отражает все особенности производства железобетонных изделий, а также закрепляет организацию учета именно по выделенным основным центрам затрат – цехам и позволяет распределять затраты по подразделениям и видам продукции.

Учет затрат в обществе ведется попередельным методом с элементами нормативного. Используется система управления «1С: Бухгалтерия. 8.0». Уровень автоматизации бухгалтерских работ – 80 %.

Переделами служат: бетонный, арматурный и формовочный цеха.

Все прямые издержки учитываются в разрезе установленных статей калькуляции по переделам. Общепроизводственные издержки (ОПИ) и общехозяйственные издержки (ОХИ) учитываются по назначению, по статьям и местам возникновения, а после распределения пропорционально избранной базе включаются в себестоимость продукции. Косвенные затраты распределяются между продуктами в течение отчетного периода пропорционально заработной плате производственных рабочих. В конце отчетного периода счета 25 и 26 закрываются и на них не должно быть остатка.

Прямые материальные и прямые трудовые затраты учитываются на счете 20, к которому открываются аналитические счета по каждому переделу.

Прогнозируемую величину общепроизводственных издержек определяют на основании смет затрат для каждого подразделения на последующий бюджетный период.

Ставку распределения общепроизводственных издержек (ОПИ) рассчитывают как частное от деления суммы запланированных общепроизводственных издержек на сумму заработной платы основных производственных рабочих.

При калькулировании полной себестоимости железобетонных изделий распределяют и общехозяйственные издержки. Бюджетная ставка распределения рассчитывается аналогично.

Сумму относимых косвенных издержек определяют умножением нормативного коэффициента ОПИ и ОХИ на фактическую величину начисленной заработной платы основных производственных рабочих по продуктам. В большинстве случаев фактические ОПИ и ОХИ списываются с избытком или недостатком, так как не совпадают с планируемыми. Поэтому излишне списанные или недосписанные издержки относят на счет «Продажи», субсчет «Себестоимость продаж». Однако если разность существенна, то ее распределяют между счетами 20, 43 пропорционально остаткам на счетах на конец периода. Итак, на 20-м счете формируется полная себестоимость железобетонных изделий.

Относительная простота – основное достоинство применяемого в ООО ПКЦ «Железобетон-5» данного метода. Однако имеются и недостатки: это, по существу, учет прошлых затрат, и он не обеспечивает оперативности контроля за затратами и не позволяет определить затраты по видам деятельности с целью их стратегического совершенствования. К тому же, время составления отчетной калькуляции не совпадает со временем составления периодической бухгалтерской отчетности, присутствует сложная инвентаризация незавершенного производства по переделам.

В ООО «ПКЦ «Железобетон-5» разработан рабочий план счетов. К основным счетам затрат открыты субсчета. Это связано не только с детализацией затрат внутри общества, но также с ведением отдельного учета затрат на производство изделий внутри области и на север. Аналитические счета к счету 10 ведутся по номенклатуре; к счетам 20, 23, 25, 26, 44 – по подразделениям и по статьям затрат.

Второй этап наступает после анализа организации существующей системы учета и решающим моментом на этом этапе является постановка требований к вводимому в систему механизму – «Таргет-Кайзен-АВ-костинг».

На начальной стадии второго этапа необходимо определить целевую постановку учета затрат по интегрированной системе, таких как: определение стоимости по видам деятельности, выполняемым функциям и более точный расчет себестоимости видов продукции, соответствующих кайзен-задаче и целевой себестоимости, а также поступление качественной информации для принятия стратегических управленческих решений. Цель внедрения интегрированной системы «Таргет-Кайзен-АВ-костинг» в ООО «ПКЦ «Железобетон-5» заключается в усилении контроля над использованием определенных ресурсов, оптимизации величины затрат и достижение их целевой установке. Существенный интерес вызывает такая задача, как персонализация ответственности за определенные участки деятельности. Для чего необходимо определить круг потребителей внутренней управленческой информации в зависимости от иерархии их положения.

Список требований системы интегрированной системы управленческого учета должен затрагивать все составляющие будущей модифицированной системы и должен быть детальным. Среди требований основными являются:

1) степень детализации учета затрат по видам продукции и видам деятельности по выполнению требований Кайзен и АВ-задачи;

2) степень автоматизации учета и точки ввода информации;

3) точное определение статей затрат, формирующих виды деятельности и их носителей;

4) определение изменений в плане счетов согласно требований функциональной системы;

5) определение главных пользователей системы и их требований к предоставляемой информации;

6) прочие.

После этого переходят непосредственно к построению системы учета затрат по интегрированной системе. Данный этап отражает информационный, расчетно-аналитический и контрольно-управленческий аспекты предлагаемого механизма системы. На этом шаге должен быть реализован проект внедрения интегрированной системы «Таргет-Кайзен-АВ-костинг», кроме того, разработаны необходимые регистры учета и процедуры анализа. Для разработки этого этапа будут посвящены следующие подразделы исследования.

Обзор организации и постановки учета затрат по интегрированной системе в ООО «ПКЦ «Железобетон-5» позволил сделать следующие выводы по ее преобразованию:

1) введение функциональных обязанностей для ведения управленческого учета;

2) повышение автоматизации учетных работ с использованием более совершенных систем управления. Повышение эффективности должно достигаться и за счет увеличения процента автоматизации (компьютеризации) на местах и в бухгалтерии. При этом руководству общества следует уделить внимание обучению персонала в этом направлении, т. к. в настоящий момент в бухгалтерии задействованы операторы, которые занимаются введением данных в систему, что замедляет процесс ведения учета и составления отчетности;

3) в обществе необходимо внести существенные изменения в систему распределения косвенных издержек, так как базой распределения является заработная плата производственных рабочих. Такое ограничение приводит к необоснованному распределению издержек и искажению себестоимости выпускаемых изделий. К тому же из-за большого количества вспомогательных производств большой объем затрат распределяется сначала по соответствующим цехам, а уж затем по железобетонным изделиям, что, усиливает неточность распределения.

После изучения существующей системы осуществляется переход к проектированию нового инструмента менеджмента затрат – учета затрат по интегрированной системе.

Определенные выше три этапа и основные задачи по проектированию ввода интегрированной системы являются взаимозависимыми и должны осуществляться параллельно, и состоят из следующего: доработка первичных документов, создание методики расчета затрат по видам деятельности и создание требований к системе отчетности. Так, доработка документов заключается в подходе к изменению движения документов и пересмотру участников процесса документооборота по учету затрат по интегрированной системе и выражается в настройке документооборота с целью обеспечения автоматизированной системы всей необходимой первичной информации для осуществления необходимых расчетов.

Указанные процедуры выражаются в анализе следующих параметров: достаточность вносимых данных, подборе работников, вносящих информацию в документы, периодичность составления бланка документа. Любой из перечисленных параметров, не отвечающий требованиям нового инструмента управленческого учета, должен быть изменен для обеспечения корректности расчетов, осуществляемых на основании данных, поступающих в систему учета.

Методика расчета затрат по видам деятельности соответствует действиям накопления затрат на соответствующих им счетах. При этом алгоритм распределения затрат, обеспечивающих подразделений, заключается в следующем: в начале выделяются виды деятельности и их носители затрат с последующим привязыванием видов деятельности с основными носителями затрат. Методика поглощения накладных издержек видами продукции основана на причинно-следственной зависимости между понесенными затратами и основными носителями с использованием функциональных факторов затрат, а также методика калькулирования себестоимости единицы продукта. Ключевыми элементами методики расчета затрат и калькулирования себестоимости являются: выделение видов деятельности и носителей их затрат и является наиболее сложным и ответственным. Сложность создания методики расчета затрат и калькулирования себестоимости определяется тем, что для различных бизнес-процессов она имеет свои особенности и должна привязываться к определенному виду деятельности.

Согласно оригинальному алгоритму методика должна включать, как минимум, четыре этапа:

1) определение целевой величины затрат (Таргет-костинг);

2) определение направлений снижения затрат до целевого уровня (Кайзен-костинг);

3) выделение видов деятельности и затрат на их выполнение (АВ-костинг) и поглощение их основными продуктами.

4) анализ с последующим обнаружением слабых мест и принятием решений (АВС-анализ).

Для определения целевой величины затрат необходимо сначала спрогнозировать выручку и определить целевую прибыль. Цена определяется в результате рыночных исследований и считается внешней для контроллера величиной.

Как уже было отмечено, в системе «Таргет-Кайзен-АВ-костинг» стратегическая цена на продукт определяется без учета затрат на его производство.

В обществе цена определяется методом «издержки +». В процессе переговоров с заказчиком она может измениться и, в конечном счете, зависит и от средней на рынке цены на продукцию, и от желаний заказчика. Однако, как и мощности, используемые на производство, могут меняться во времени, так и желания покупателей не являются постоянной величиной. А значит, и прогнозную цену, сформировавшуюся на рынке, нельзя считать заданной константой. Менеджмент целевых затрат ориентирован на долгосрочную перспективу, и используемая в расчетах цена является стратегической, однако, если она является переменной величиной, то все расчеты целевых затрат нужно каждый раз осуществлять заново.

Поэтому в целях эффективного управления затратами имеет смысл для определенного объема сбыта, долгосрочного отрезка времени и специфических условий конкуренции рассчитать среднюю цену, которую готовы заплатить покупатели и которая была бы с наибольшей вероятностью реализована на данном рынке.

Специфика ценообразования в компаниях, производящих железобетонные изделия такова, что цена отдельных продуктов становится известна и продавцу и покупателю еще до начала производственного процесса. При этом она может пересматриваться в процессе производства продукции. Мы не имеем в виду изменения цены, обусловленные инфляцией или количеством запланированных объемов, модификацией продукта и другие, не связанные с рыночными колебаниями изменения.

Железобетонные изделия изготавливаются по определенным техническим условиям и стандартам. Поэтому и в данном случае имеет смысл прогнозировать среднюю по региону цену на то или иное изделие и, кроме того, прогнозировать ее возможное изменение в процентах – на основе имеющегося спроса на продукцию.

Это обусловлено еще и тем, что расчет целевых затрат может происходить еще до решения о запуске изделия в производство в целях принятия решения или планирования производственной программы.

На следующем шаге должна быть рассчитана планируемая прибыль. Целевая прибыль – обязательная для планирования и устойчивая величина. Она задается для каждого вида продукта в долгосрочном временном лаге.

Японские предприятия используют для расчета преимущественно процент с выручки (рассчитывают прибыль, как долю выручки от продаж). Западные компании используют для таких целей показатель ROI (Return of investment – рентабельность капитала).

Достоинства первого подхода в том, что, во-первых, рассчитать прибыль проще (ведь не нужно учитывать долю капитала, относящегося на единицу продукта). Во-вторых, процент от выручки лучше подходит для отражения прибыльности отдельного продукта в случае многовариантной производственной программы.

Необходимые данные могут быть непосредственно предоставлены после исследования рынка для процедуры «Таргет-костинг». Такой расчет выигрывает и в отношении простоты и понятности расчета.

Недостаток же заключается в том, что оборачиваемость капитала, второй важнейший фактор рентабельности, не учитывается в такой схеме вообще.

Переменной величиной преимущественно являются запасы. Для позитивного влияния величины прибыли на вложенный капитал следует все же повысить оборачиваемость капитала путем снижения запасов. Но для этого должны использоваться другие инструменты помимо «Таргет-костинг».

Предположим, что «Таргет-костинг» используется для управления затратами инновационного проекта. Тогда целесообразно рассмотреть возможность использования чистой будущей стоимости как целевого показателя, который будет определяться из заданной в обществе целевой процентной ставки.

Как разность двух полученных величин (прогнозной выручки и целевой прибыли) рассчитывается совокупная величина целевых затрат (равенство 1,2):

Себестоимость = цена – прибыль

После этого начинается наиболее сложный этап всего процесса – расчет и распределение величины стандартных затрат, относящихся к «Кайзен-костингу».

Одной из центральных проблем при внедрении концепции интегрированной системы на данном шаге является, безусловно, как можно более точное распределение косвенных затрат. Она возникает и на этапе разработки регистров для «АВ-костинг». Мнение большинства авторов по данному вопросу сводится к следующему решению – использование функционального учета в комбинации с классической методикой «Таргет-костинг».

Функциональный учет представляет собой инструмент менеджмента затрат, который служит для анализа, управления и корректного распределения, главным образом, косвенных затрат. Косвенные затраты в последнее время возрастают как в абсолютной величине, так и по отношению к величине прямых затрат. Причина этого – прежде всего усилия компаний по повышению производственной гибкости, сокращению жизненного цикла продукта, большое число продуктов и вариантов продукта. Все это ведет к тому, что увеличиваются косвенные затраты различных видов. Для их распределения исследуются все процессы и виды деятельности для их выполнения, которые приводят к возникновению косвенных затрат.

Система отчетности является завершающим этапом проектирования. Ключевым моментом интегрированной системы является определение пользователей информации о целевых затратах и затратах по видам деятельности. Определив пользователей информации отчетности, необходимо закрепить периодичность ее предоставления, так как отчетность по затратам является наиболее значимым элементом во всей системе отчетов, и состоит из следующей информации:

1) группировка затрат по статьям и элементам затрат по каждому МВЗ за определенный лаг (месяц, квартал, год);

2) затраты по видам деятельности для каждого центра затрат, на который были потрачены ресурсы (ремонт и содержание оборудования и зданий; управление цехом; обеспечение нормальных условий труда и т. д.);

3) перераспределение затрат по каждому виду деятельности на основные носители затрат и составление калькуляции себестоимости по всем видам продукта, произведенным в данном месяце;

4) расчет полной фактической калькуляции себестоимости по всем видам продукции за год;

5) отчет о финансовых результатах в целом по обществу.

Все данные отчеты, как правило, имеются в организациях. В некоторых организациях создана информативная и разветвленная система отчетности по затратам. Дополнением к ней могут служить графические и табличные отчеты по затратам и результатам видов деятельности и их анализа. Пользователями этой информации является руководство организации высшего и среднего звена.

Результатом работы проектной команды должны в идеале быть два документа: проект положения по внедрению интегрированной системы и техническое задание программистам для автоматизации нового процесса управленческого учета.

В проекте положения по управленческому учету отражается необходимая работникам компании информация, позволяющая отладить заполнение первичных документов, документооборот, способствующий обеспечению автоматизированной системы управленческого учета необходимыми данными, в частности:

1) характер бизнес-процессов, происходящих в компании;

2) схему документооборота по компании в целом и ее подразделениям;

3) методику распределения косвенных затрат и калькулирования себестоимости продукта;

4) систему внутренних отчетов.

Техническое задание программистам состоит из специфических данных, требующих описание работы интегрированной системы для обеспечения целостности данных и осуществления расчетов, и содержит следующую информацию:

1) о справочниках;

2) об указании, какие именно данные из первичных документов попадают в автоматизированную интегрированную систему учета;

3) об описании методик расчета;

4) о форматах отчетов с указанием источника данных.

Указанные источники данных необходимы команде программистов для разработки программы.

Подведем итог вышесказанному: нами определено, что интегрированная система, как и любая подсистема управленческого учета, состоит из трех компонентов:

1) системы документов, обеспечивающих информацией учетную систему;

2) методики формирования и поглощения затрат, содержащей алгоритмы распределения и перераспределения затрат;

3) системы отчетов, отвечающих за предоставление данных, содержащихся в интегрированной системе учета.

Все три компонента взаимосвязаны, так как без обеспечения требуемой детализации вносимых в первичные документы данных не будет возможности применить корректный алгоритм расчета затрат, а без них данные не попадут к пользователю.

Поэтому при постановке учета очень важно обеспечивать взаимосвязь между формами регистров, методикой расчета затрат, а также системой управленческих отчетов.

При этом интегрированная система должна согласовываться с системой бюджетирования, так как она должна увязывать и осуществлять отслеживание выполнения целевых показателей.

Изложенный подход к постановке учета затрат по интегрированной системе является, с нашей точки зрения, универсальным и с той или иной степенью детализации может быть применен в различных компаниях, поэтому важное значение занимает разработка регистров учета затрат по интегрированной системе учета.

Глава 4. Разработка регистров учета затрат по интегрированной системе «Таргет-Кайзен-АВ-костинг»

В связи с внедрением механизма интегрированной системы «Таргет-Кайзен-АВ-костинг» в учете появляются новые объекты: величины целевых затрат, целевой прибыли, распределенные согласно качественным характеристикам продукта целевые и плановые затраты. Кроме того, появляются новые расчетные процедуры, такие как распределение косвенных затрат по видам деятельности и компонентам продукта. Все это требует соответствующей регистрации, систематизации и отражения в учетной документации.

Поэтому мы считаем необходимым дополнить уже существующую систему регистров учета затрат в организациях специфическими регистрами, документами, относящимися непосредственно к учету целевой себестоимости и видов деятельности.

Существует два альтернативных направления решения вопроса регистрации данных: создание специальных обособленных регистров и дополнение и модификация уже существующих в обществе документов. Рассмотрим первую возможность.

Поскольку первичный учет фактических затрат идет при внедрении интегрированной системы в обычном порядке, то в рамках данной работы не анализируется полный документооборот, относящийся к учету затрат и доходов. К нему в ООО ПКЦ «Железобетон-5» с попредельным методом учета относятся все документы первичного учета на производстве: накладные, акты, наряды и прочие документы, отражающие специфику производственного процесса.

В связи с тем, что процедура документооборота непосредственно связана с бизнес-процессом предпринимательской деятельности компании, то нет необходимости анализировать и включать в предлагаемую интегрированную систему полный пакет документооборота, связанного с оформлением договоров, кадровым учетом, и типовых форм для организации учета (журналы-ордера, бухгалтерские справки и т. д.).

К анализируемому перечню документооборота предлагаем отнести сводные документы и отчеты, формируемые на основании первичных данных, завершающие учетный процесс – свод затрат в целом и по видам деятельности, финансовая отчетность и данные управленческого учета: баланс, отчет о финансовых результатах и отчет о движении денежных средств.

Нами разработана отдельная система регистров и бланков, позволяющая отразить процесс учета и распределения косвенных затрат на функциональной основе, состоящей из шести этапов:

Первый этап. Определение бизнес-процессов, видов деятельности, функций и операций. Для чего в обществе проводится ранжирование бизнес-процессов и видов деятельности, в результате чего формируется «Справочник бизнес-процессов, видов деятельности, функций и операций». Это дает основание для определения мест возникновения затрат и центров ответственности.

Второй этап. Создание центров учета затрат. Структура бизнес-процессов, и мест возникновения затрат лежит в основе определения центров учета затрат, каковыми выступает стратегическая цель по целевой себестоимости, бизнес-процесс, вид деятельности, функции и операции. Для учета затрат предлагаем использовать синтетические счета интегрированной системы:

1) счета учета затрат инновационных продуктов: 97 «Затраты по разработке инновационного продукта».

2) счета учета затрат инновационных процессов: 08 «Вложения во внеоборотные активы», 58 «Финансовые вложения».

3) счета учета затрат операционных процессов: 10 «Материалы», 15 «Заготовление и приобретение материальных ценностей», 16 «Отклонения в стоимости материальных ценностей», 20 «Затраты бизнес-процессов – основное производство», 23 «Затраты бизнес-процесса – вспомогательные производства», 25 «Затраты по обеспечивающим видам деятельности и

производственным функциям», 26 «Затраты по управленческим функциональным видам деятельности», 44 «Затраты по складированию, хранению готового продукта, Маркетинговые исследования».

К каждому синтетическому счету создаются субсчета и счета аналитического учета, представленные в таблице 1.

Таблица 1

Макет организации учета затрат по бизнес-процессам, видам деятельности и функциям

Шифр счета	Шифр субсчета	Объект учета затрат
20	20XX	бизнес процесс - основное производство
23	23XX	бизнес процесс - вспомогательное производство
25	25XXX	вид деятельности
25	25XXX	операции, функции
26	26XXX	Функции
97	97X	инновационные продукты (маркетинг, разработка стратегии, миссии, разработка продукта)
08	08XXX	инновационные процессы
58	58XXX	

Третий этап: Определение драйверов затрат и расчет их ставок. Данный этап сопряжен с выполнением концепции АВ-костинг и бюджетного планирования. Драйвер выступает фактором возникновения затрат и позволяет осуществить увязку затрат по операциям и функциям определенного вида деятельности.

Для этого устанавливаются параметры расчета и различные справочники (Таргет-костинг). Данные заносятся в отчеты о носителях затрат, а информация о фактических носителях служит основанием для расчета ставок факторов. Размер ставки зависит от фактора затрат и количества носителей затрат. Фактор затрат определяется на основании данных синтетического и аналитического учета затрат на соответствующих счетах. Фактор затрат в каждом отчетном периоде соответственно может меняться, поэтому их ставки пересчитываются в каждом бюджетном периоде. Результатом этого этапа является разработка «Сводного справочника факторов затрат», где предусматривается систематизация видов факторов затрат по уровням их действия и приводятся сведения о нормативных – бюджетных их ставках (Кайзен-задача) на определенный период.

Четвертый этап. Учет затрат по местам их возникновения. В системе «АВ-костинг» учет плановых и фактических затрат осуществляется в двухуровневой системе учета. На первом уровне, рассчитываются затраты по стратегическим целям, бизнес-процессам, видам деятельности и функциям, а на втором - происходит поглощение затрат объектами калькулирования, а также по потребителям услуг бизнес-процессов другими бизнес-процессами (видами деятельности и функциями), исходя из ставок факторов затрат.

Данный этап включает в себя несколько процедур:

1) обоснование требований к формированию первичной учетной документации по осуществлению затрат;

2) определение технологии учета затрат на счетах синтетического и аналитического учета;

3) разработка первичных отчетных форм о произведенных затратах видами деятельности и выполняемыми функциями, по видам затрат, местам возникновения для их анализа, контроля и бюджетирования.

Пятый этап. Распределение затрат между объектами калькулирования, что позволяет осуществлять расчет себестоимости выбранного объекта калькулирования и производить оценку его результативности и эффективности деятельности.

Шестой этап. Формирование управленческой отчетности по затратам и результатам деятельности по следующим направлениям: «Отчет по затратам ЦФО в разрезе стратегических целей в поэлементном разрезе», «Отчет по затратам на стратегические цели (Таргет-костинг), «Сводный отчет по затратам на производство в поэлементном разрезе и в разрезе статей по видам деятельности и выполняемым функциям».

Интегрированный учет затрат по видам деятельности позволяет:

1) формировать единое информационное пространство для двух видов учета (бухгалтерского финансового и управленческого учета), которое

используется для их группировки в соответствующих регистрах в необходимых аналитических разрезах, на основании данных первичного учета о планируемых и фактических затратах компании, выполняя кайзен-задачу;

2) интегрировать счета для выполнения целевой себестоимости, осуществлять контрольно-аналитические функции, исходя из стратегического позиционирования компании;

3) составить управленческие отчеты о затратах, связанных с достижением стратегических целей в необходимых аналитических разрезах для осуществления стратегического бюджетного планирования, анализа, контроля с целью принятия регулирующих управленческих решений в процессе достижения стратегических задач;

4) сформировать информацию для расчета временных и качественных показателей по бизнес-процессам и видам деятельности для оценки результативности их работы.

Учетная концепция интегрированной системы заключается в координации формирования финансовой учетной информации по затратам компании и нефинансовой информации по показателям бизнес-процессов и видов деятельности, и заложена в основу построения бизнес-планирования.

На основе разниц выявляются потенциальные узкие места, на это и должны направляться мероприятия по снижению затрат, ставя Кайзен-задачу.

Детальная проработка схемы движения документов, лиц, участвующих в процессе документооборота и вносимых в документы информацию позволяют формировать следующие данные: наименования документов с указанием производственного процесса и осуществляемого вида деятельности, по результатам которого был составлен документ; назначение документа; составитель; количество экземпляров; от кого и кому передается документ, в какие сроки, а также какая информация и кем, и в какие сроки вносится в данный документ. Разработчиком документа может быть один работник, вносить информацию другие работники, а утверждать – руководитель. Все эти особенности необходимо отразить при разработке графика документооборота.

Для того чтобы интегрированная система заработала в компании, необходимо осуществить следующие подготовительные этапы внедрения.

1) Формирование документооборота целевых затрат, утверждение реестра и классификатора действий.

2) Определение и утверждение факторов затрат для каждого действия и выполняемой функции.

3) Формирование и утверждение требований к первичным документам.

4) Оформление первичных документов в соответствии с требованиями целевой себестоимости и функциональной системы.

5) Сбор и группировка информации о целевых затратах и затрат по каждому виду деятельности в единый стоимостной комплекс.

6) Расчет ставок факторов затрат в разрезе действий (функциональные факторы затраты).

7) Отнесение целевых затрат по процессам на объекты в соответствии с выполняемыми функциями и объемами потребленных действий.

8) Предполагается, что планированием, анализом и учетом целевых затрат и расчетом затрат по видам деятельности занимается финансово-аналитическая служба организации.

9) Поскольку все расчеты выполнены в Excel, то формулы дают себя легко отследить и при необходимости изменить.

10) Выручка планируется с предположением о 3 %-ном ежегодном снижении цены (однако этот процент может меняться).

11) Целевая норма прибыли рассчитана на основе целевой рентабельности в регистре расчета целевой прибыли (7 % на основе данных финансово-аналитической службы), кроме того, мы считаем нужным учесть риски компании в размере 5 %.

12) Косвенные стандартные затраты группируются по местам возникновения затрат и видам деятельности, а поглощаются продуктами по ставке носителя затрат, индивидуально определенного для каждого вида деятельности и закрепленным в учетной политике компании.

13) Все полученные значения служат базой для разработки бюджета как операционного, так и финансового.

Данный участок работы является важнейшей частью методологии внедрения менеджмента интегрированной системы «Таргет-Кайзен-АВ-костинг» учета затрат и результатов деятельности на практике.

Глава 5. Механизм распределение затрат по видам деятельности на основе ABC метода

Предлагаемая система учета по функциям и видам деятельности позволит получать информацию непосредственно менеджерами, что позволит наделить их более широким объемом полномочий для постоянного совершенствования тех видов деятельности, которыми они занимаются и, как следствие управлять предпринимательской деятельностью.

Таким образом, предложенная интегрированная система управления затратами в компании позволяет целенаправленно и организованно осуществлять политику достижения целевой себестоимости, выявлять непроизводительные и затратные виды деятельности, более рационально осуществлять инвестирование денежных средств в освоение новых продуктов, координировать и оценивать действия менеджеров, участвующих в производственном процессе, и совместными усилиями добиваться достижения поставленных целей предпринимательской деятельности.

Объектами бизнес-процессов, затрат и результатов предпринимательской деятельности являются единицы продукта, производственные структуры, контрагенты по поставке сырья и материалов, каналы и рынки сбыта продукта и услуг, их заказы.

На первом этапе, для формирования реестра применяют эффективный и популярный метод интервьюирования. Для чего сотрудники службы финансово-аналитического отдела опрашивают руководителей соответствующих подразделений компании для выявления выполняемых действий или функций и возможность количественно их измерить.

Результаты опроса систематизируются в специальной таблице 2, позволяющей определить перечень видов действий, имеющих место в рамках одного функционального отдела, а на дальнейших этапах организовать контроль полноты представления информации в разрезе выполняемых функций. На основе данных таблицы 2 производится свод и группировка в единый реестр видов действий компании.

Сгруппированная информация о процессах и действиях, имеющих место в ООО ПКЦ «Железобетон-5» по данным таблицы 2, в дальнейшем позволяет выявить основные характеристики выполняемых функций, но и определить требования к оперативности отчетности в части выполняемых действий, в разрезе которых должна быть представлена информация о целевых затратах используемых ресурсов для выполнения своих функций.

Таблица 2

Реестр действий по выполняемым функциям ООО ПКЦ «Железобетон-5»

Отделы действия	Сектор учета АВС	Сектор учета целевой с/сти	Сектор учета готового продукта	Отдел ФАО
1. Формирование перечня видов действий	+	+		+
2. Внесение корректировок в перечень видов деятельности	+	+		+
3. Сбор и обработка информации в разрезе видов деятельности	+	+		
4.Улучшение процедуры функциональной системы	+	+		
5. Затраты по выполнению функций отделами	+	+	+	+
6. Определение ставок носителей затрат выполняемых функций	+			
7. Формирование отчетности о факторах действий	+	+	+	+

Формирование реестра позволяет разработать единый классификатор видов деятельности общества по каждому производственному циклу и выполняемой функции. В ООО ПКЦ «Железобетон-5» классификация видов деятельности опрсдслсна в фуіпкциональной структуре, а структура основных центров затрат представлена на рисунке 7.

Рисунок 7 - Структура основных видов деятельности ООО ПКЦ «Железобетон-5»

Как показывают данные доля затрат на оплату труда основных рабочих незначительна (3,2%), а доля обеспечивающих действий по передаче энергоресурсов, обеспечению производственной и общехозяйственной деятельности намного выше (28,8%). Поэтому традиционный подход к распределению косвенных затрат через основную заработную плату приводит к искажению себестоимости продукта. Процедура распределения косвенных затрат будет представлена далее.

Вторым этапом применения функциональной системы является определение носителя затрат. В ООО ПКЦ «Желнзобетон-5» выступают количество тонн погрузки и выгрузки железобетонных изделий, число заявок по объему продаж продукта, количество наладок и ремонта оборудования, приборов и времени на их выполнение, содержание зданий, выполняемые функции управления, транспортируемые энергоресурсы и т.д., которые отражены в матрицах распределения косвенных затрат.

Это важный этап в выявлении показателя по достижению целевой себестоимости отражает непосредственное воздействие на фактор затрат и является средством достижения целевой себестоимости, а неправильный расчет выполняемой функции может существенно повлиять на расчет себестоимости продукта и выполнения Кайзен-задачи по достижению целевой себестоимости.

Отсюда, выбор фактора затрат производится с участием сотрудников, выполняющих функции или другие операции на основе перечня выполняемых видов действий на уровне отделов и вспомогательных служб. Как показали исследования наибольшую проблему и в то же время значимость приобретает, во-первых, определение носителей затрат обеспечивающих производств, так как затраты вспомогательной деятельности составляют существенную их долю и более чем в 9 раз превосходят прямые затраты на оплату труда. Во-вторых, обеспечивающие виды деятельности напрямую не связаны с одним фактором затрат, а имеют несколько измерителей, исходя из этого понесенные затраты видами деятельности аккумулируются отдельно.

Третий этап выполнения Кайзен-задачи заключается в определении данных о величине прямых затрат в разрезе видов деятельности и продуктов, размере затрат, связанных с обеспечивающими действиями, и количестве потребленных факторов затрат по отдельным видам продукта.

Отражение затрат по видам деятельности в соответствии с разработанным классификатором осуществляется в первичных документах, оформляющих учет затрат и аналитического кода вида деятельности по следующей схеме, представленной в таблице 3.

Таблица 3

Требования к оформлению документации по затратам ООО ПКЦ «Железобетон-5» в рамках функционального подхода

Факт хозяйственной деятельности	Первичные документы	Факторы для установления кода	Кто отвечает
1. Отпуск материалов и сырья в производство	Расходные ордера, внутренние накладные, наряды	МВЗ, Направление использования ресурсов	Цех, служба, использующая ценности
2. Расчет заработной платы	Ведомости учета рабочего времени, табеля и наряды на сдельную работу	Вид продукта, выполняемых работ и оказанных услуг	Цеха, службы, отделы
3. Страховые взносы	Ведомости расчета заработной платы	Состав фонда оплаты труда	Бухгалтерия
4. Амортизационные отчисления	Ведомость расчета амортизационных отчислений	МВЗ и Направления использования основных средств и НМА	Бухгалтерия

Основные требования к информации (таблица 3) заключаются в том, что она должна соответствовать реестру видов деятельности, утвержденных в разрезе каждого центра затрат для обеспечения возможности формирования данных в отчетах о затратах по тем видам деятельности, которые закреплены в реестре для осуществления функций Кайзен-задачи.

После привязки всех затрат к выполняемым функциям и действиям осуществляется сбор и группировка данных информации о затратах, осуществленных каждым видом деятельности, в единую систему учета – свод затрат по компании в целом.

Распределение затрат осуществляется на основе выявленных факторов ресурсных затрат имеющих отношение к прямым и накладным издержкам, связанных с обеспечением, управлением производством и сбытом продукции. Косвенные затраты привязываются к выполняемым действиям таким как обслуживание и ремонт оборудования. Эти функции выполняют рабочие, обслуживающие оборудование, машины и агрегаты.

Понесенные затраты для осуществления этих действий в стоимостном выражении поглощаются соответствующими объектами затрат при помощи факторов носителей затрат, таких как нормо/часы. Затраты, сформированные внутризаводским перемещением грузов, переносятся на те виды деятельности, которые их потребовали, через стоимость использованных материальных ресурсов на основную продукцию.

Действия без существенного применения оборудования, таких как, мероприятия по обеспечению нормальных условий труда и техники безопасности, содержанию цеховых помещений, требуют значительных усилий со стороны персонала. И эти затраты распределяются пропорционально численности основных рабочих и площади, занимаемой под выпуск продукции, в связи с тем, что они не имеют прямого отношения к объему выпуска продукта или машинному времени.

При внедрении функционального подхода по поглощению понесенных затрат видами деятельности необходимо учитывать различия между действиями и различия в потреблении этих действий с целью недопущения объединения действия единичного уровня и уровня серии. Это требование обусловлено тем, что если при взаимоувязке определенного действия с объектом учета затрат применяется не соответствующий фактор, то результат поглощения затрат даст искаженный результат. Однако, разнородные группы затрат и их факторы могут иметь сходные характеристики, которые представлены в табл. 4.

Фактор выполняемого действия или функции позволяет идентифицировать часть функции того или иного вида деятельности подразделения, которая используется конкретным объектом учета затрат и является составной частью оценки стоимости продукта и финансовых результатов предпринимательской деятельности.

Таблица 4

Функциональные виды факторов затрат и уровни их действия для ООО ПКЦ «Железобетон-5»

Виды факторов затрат	Уровень действия	Описание функций	Выполняемые действия
Переменный единичный фактор	Единица продукта	Выполняется при производстве единицы продукта	Частные действия, арматура, формовка, обеспечение видами энергоресурсов на технологию
Переменный серийный фактор	Серия, группа продукта	Выполняется при производстве продукта	Наладка арматурного станка, транспортировка продукта
Фактор, рассчитанный на продукт	Сопровождение продукта	Выполняется для обеспечения производственного процесса	Разработать изделие. Реализовать продукт
Фактор, рассчитанный на процессы	Сопровождение технологии	Выполняется для обеспечения технологии производства	Обслужить оборудование. Посещать курсы и т.д.
Фактор, рассчитанный на рынки	Сопровождение покупателя	Выполняется для обеспечения условий поставки	Доставка продукта. Формирование заказа
Постоянные дискреционные факторы	Сопровождение технологии	Выполняется для обеспечения технологии производства	Обеспечить электро-теплоэнергией. Нормальными условиями труда

Матрицы факторов понесенных затрат выполняемыми действиями общепроизводственного и общехозяйственного направления в ООО ПКЦ «Железобетон-5» отражены в таблицах 5 и 6.

По завершению процесса перераспределения косвенных издержек производится расчет себестоимости видов деятельности исходя из объема потребленных действий и соответствующих им использованных ресурсов.

Справочник факторов видов деятельности основных и вспомогательных видов деятельности

Виды деятельности	Шифр затрат	Содержание затрат	Фактор затрат
Основные центры затрат	бетонный – 20/1 арматурный – 20/2 формовочный – 20/3	Затраты на материалы по оплате труда на энергию	Машино-часы Станко/часы Коэффициенто-часы
Обеспечивающие центры затрат	ЭРЦ - 23/1 РМЦ – 23/2 АТЦ – 23/3	Затраты на материалы по оплате труда на энергию	кВт/час Гкал м^3 Станко/часы Коэффициенто-часы Машино-часы

Матрица факторов видов деятельности общепроизводственных издержек

Виды деятельности	Шифр затрат	Содержание накладных затрат	Фактор затрат
Функции обслуживания и ремонта оборудования	ЭРЦ - 25/2.1.01 РМЦ – 25/2.2.01 АТЦ – 25/2.3.01	Амортизация оборудования Затраты на вспомогательные материалы по оплате труда на энергию	Машино-часы Станко/часы Коэффициенто-часы
Функции внутризаводского перемещения грузов	ЭРЦ - 25/2.1.02 РМЦ – 25/2.2.02 АТЦ – 25/2.3.02	Амортизация транспортных средств Затраты на материалы на оплату труда услуги сторонних организаций	Количество ездок, маш/час
Функции обслуживания и ремонта зданий	ЭРЦ - 25/2.1.03 РМЦ – 25/2.2.03 АТЦ – 25/2.3.03	*Первичные затраты* Затраты на материалы на оплату труда	Площадь
Функции по управлению подразделением	ЭРЦ - 25/2.1.04 РМЦ – 25/2.2.04 АТЦ – 25/2.3.04	Затраты на оплату труда	Человеко/часы
Функции по охране труда и технике безопасности	ЭРЦ - 25/2.1.05 РМЦ – 25/2.2.05 АТЦ – 25/2.3.05	Затраты на материалы на спецодежду на спецжиры	Пропорционально расчетам в рамках подразделений и продукции Работники
Потери	ЭРЦ - 25/2.1.06 РМЦ – 25/2.2.06 АТЦ – 25/2.3.06	Порча материалов Недостача материалов	Прямо на продукт

Как показали исследования, в традиционном учете затраты, сгруппированные по их видам и местам возникновения указывают на то, каких и сколько было израсходовано ресурсов, а при функциональном подходе к учету затрат выявляется с какими затратами обошлось выполнение определенных функций и видов деятельности в соответствии с кайзен-задачей.

Отсюда интегрированная система, использующая как финансовые, так и нефинансовые показатели, способствует тому, чтобы компания работала одновременно лучше, быстрее и дешевле в достижении целевых задач в управлении предпринимательской деятельностью. Все три элемента в свою очередь должны совершенствоваться одновременно. При выявлении затрат и видов деятельности, не соответствующих целевой задаче, основное внимание уделяется не отдельным видам продукта, а процессам производства, сбыта, производственным и управленческим функциям.

Информация, выдаваемая интегрированной системой, используется для принятия стратегических решений на основе более тщательного распределения затрат по целевым центрам, таким как продукты, заказчики и места деятельности, а также и для управления их деятельностью, измерения показателей функционирования, определения сравнительной базы по видам деятельности, управления процессами и реинжиниринга бизнес-процессов. Интегрированная система позволяет формировать единое информационное пространство для управления предпринимательской деятельностью. На рисунке 8 показаны особенности интегрированной системы в расчете себестоимости продукта и применения их в управлении предпринимательской деятельностью.

На рисунке 8 вертикальная рамка соответствует расчету целевой себестоимости продукта и видов деятельности, при которой вначале определяются целевые затраты, а затем ставится задача (Кайзен-костинг) (горизонталь) для достижения заданных параметров по видам деятельности с переходом на обеспечение контрольных параметров (АВ-костинг) и управление затратами.

Таким образом, применение подхода, основанного на выполняемых процессах и затрат для их выполнения по видам деятельности, позволяет осуществлять управление затратами в достижении целевой себестоимости.

В блок-схеме (рисунок 8) основную нагрузку принимает на себя функциональная система, позволяющая производить расчет себестоимости продукта и одновременно управлять затратами осуществляя выполнение целевой задачи таргет-костинг.

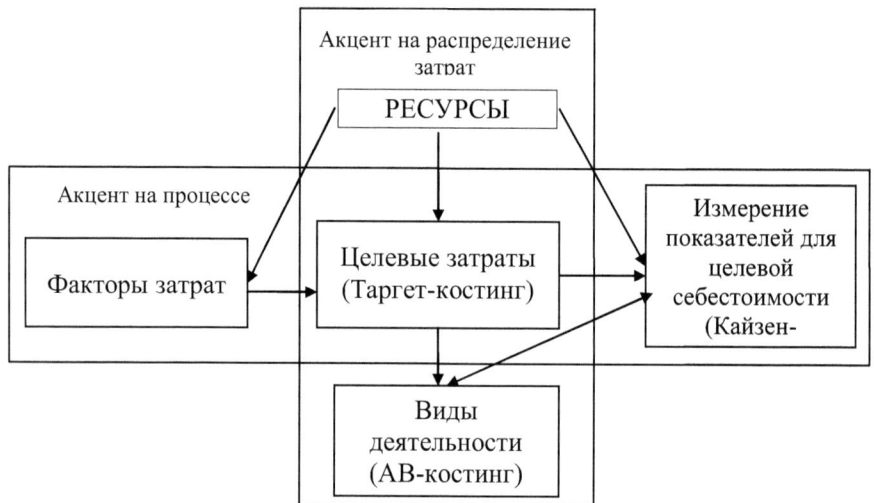

Рисунок 8 - Блок-схема расчета себестоимости и управления затратами на основе интегрированной системы в ООО ПКЦ «Железобетон-5»

В традиционных системах функции контроля проявляются в сравнении фактических результатов с заранее установленными нормами, заложенных в сметах затрат, их идентификации и анализу отклонений по выбору для того, чтобы текущие результаты соответствовали сметным. Однако в традиционных системах не анализируются объемы выполнения текущих видов деятельности, а фокусируется лишь на сохранении имеющего положения, но не на снижении затрат.

Отсюда, традиционные системы учета затрат базируются на постоянном соответствии нормативным затратам, а предложенная интегрированная система управления затратами строится на действиях, которые определяются менеджерами с целью достижения целевой себестоимости, т.е. на стратегию развития предпринимательской деятельностью.

При интегрированной системе бизнес рассматривается как набор взаимосвязанных видов деятельности, которые в конечном итоге добавляют ценность продукту. В результате основное внимание сосредотачивается на управлении бизнесом по тем видам деятельности, которые в совокупности образуют сущность предпринимательской деятельности, а виды деятельности в свою очередь требуют затрат для их осуществления. Такая увязка действий и затрат позволяет осуществлять и долгосрочное управление затратами в достижении целевой задачи. Цель интегрированной системы – гарантировать удовлетворение потребительских запросов при соблюдении целевых затрат и управления результатами предпринимательской деятельности.

При традиционном подходе к управлению предпринимательской деятельностью операционные сметы и управленческие отчеты анализируются по видам затрат, понесенных каждым центром ответственности. Интегрированный подход к учету затрат позволяет анализировать виды деятельности и потребленные им ресурсы, что позволяет менеджерам получать информацию о том, почему осуществлены те или иные затраты и каким является результат по виду деятельности, выраженных в единицах факторов затрат. Полученная информации по видам деятельности служит катализатором, который, в конце концов, запускает действия, необходимые для того, чтобы себестоимость продукта соответствовала целевой задаче в управлении предпринимательской деятельностью.

Глава 6. Механизм реализации подхода к интеграции учета затрат по системе «Таргет-Кайзен-АВ-костинг»

До внедрения интегрированной системы большинство компаний не имело информации о затратах на выполнение видов деятельности и функций, которыми они занимались. Знание всего комплекса затрат по цепочке жизненного продукта позволяет понять, как их можно устранить или хотя бы снизить до целевого уровня с целью выявления возможности снижения затрат и провести их ранжирование, применив модель Парето (АВС-анализ).

Таким образом, выявление ставок факторов затрат и отражение их в отчетах позволяет менеджерам принимать решения по снижению затрат по видам деятельности для достижения целевой себестоимости.

Статьи затрат для достижения целевой себестоимости необходимо разделить по значимости их формирования и объема действия, по следующим причинам: во-первых, большинство статей затрат являются комплексными и аккумулируются по видам деятельности; во-вторых, их составляющие не равнозначны с точки зрения удельного веса в структуре затрат, имеют разные характеристики и отношение к носителям затрат.

Для оценки значимости видов деятельности, участвующих в формировании себестоимости, произведем разукрупнение затрат на основе критерия существенности, применив инструмент АВС-анализа. АВС-анализ – метод, с помощью которого определяют степень распределения конкретной характеристики между отдельными элементами какого-либо множества.

Область применения АВС-анализа распространяется наряду с установлением временных приоритетов и на множество других задач. Среди них выделим вариант классификации затрат с точки зрения их значимости для снижения и последующего деления на *А-, В-, С*-группы. Данная группировка необходима для исследования значимости отдельных затрат в общих валовых затратах с точки зрения контроля над ними, а также для оптимизации структуры затрат и выявления возможности управления над ними.

Исходные данные для проведения АВС-анализа затрат отражены в табл. 7.

Группировка затрат по видам деятельности по убыванию для проведения

АВС-анализа

Наименование статьи затрат	№ ранжир.	Сумма за год, тыс. руб.
- ПДН (дорожные плиты)	1	116190
- ПК (пустотные плиты)	2	44231
- Сваи	3	41548
- Администрация	4	11419
- ФБС (фундаментные блоки)	5	8178
- Обслуживание и ремонт обор и зданий	6	7786
- ПТА (плиты перекрытия)	7	7496
- Мероприятия по ТБ и ОТ	8	6269
-Управление цехом	9	5690
- БР (бордюры)	10	4152
- Коммерческий	11	3346
- Бухгалтерия	12	2123
- ОМТС	13	2079
- ПДО и ТО	14	1378
- ФАО (финансово-аналитический отдел)	15	1274
- ОТК (отдел технического контроля)	16	1248
- ОК (отдел кадров)	17	441
- Внутризаводское перемещение грузов	18	405
Всего затрат		116190

Используя данные таблицы 7 построим гистограмму распределения суммы

затрат (рисунок 9).

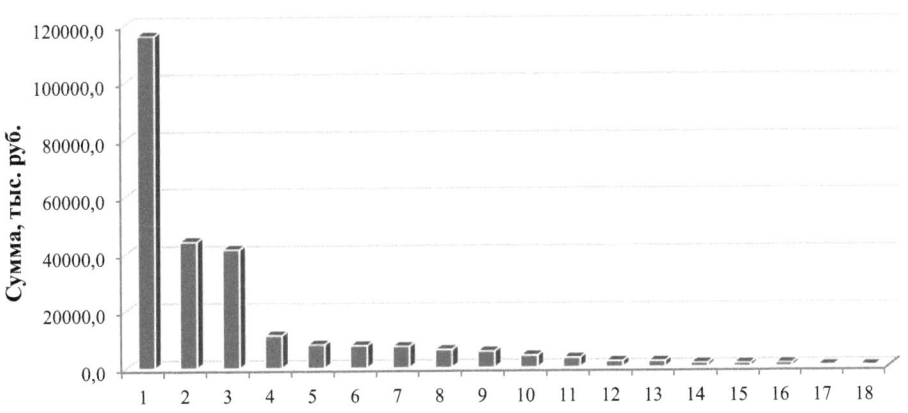

Рисунок 9 - Гистограмма распределения суммы затрат между видами

деятельности

В качестве параметра по оси абсцисс выбран порядковый номер статьи затрат в таблице 7 по убывающей сумме за год. Построим диаграмму Парето по точкам на основании координат указанных в таблице 8.

Данные для построения диаграммы Парето по затратам видов деятельности

№ п/п, i	Наименование видов деятельности	Сумма, млн. руб., yi	Доля в кол i/n, (x_i) %	Доля в сумме затрат yi/Y, %	Доля в сумме затрат нар. итогом (y_i)	Линия Парето (100 %-x_i)	Сумма долей, $xi+yi$	Класс
1	ПДН (дорожные плиты)	116189,9	5,26	43,80	43,8	94,7	49,1	А
2	ПК (пустотные плиты)	44231,3	10,53	16,68	60,5	89,5	71,0	А
3	Сваи	41548,2	15,79	15,66	76,1	84,2	91,9	А
4	Администрация	11419,3	21,05	4,31	80,4	78,9	101,5	А
5	ФБС (фундаментные блоки)	8177,6	26,32	3,08	83,5	73,7	109,8	В
6	Обслуж и ремонт оборудования и зданий	7785,7	31,58	2,94	86,5	68,4	118,0	В
7	ПТА (плиты перекрытия)	7496,3	36,84	2,83	89,3	63,2	126,1	В
8	Мероприятия по ТБ и охране труда	6268,6	42,11	2,36	91,7	57,9	133,8	В
9	Управление цехом	5689,7	47,37	2,15	93,8	52,6	141,2	В
10	БР (бордюры)	4152,2	52,63	1,57	95,4	47,4	148,0	В
11	Коммерческая служба	3345,5	57,89	1,26	96,6	42,1	154,5	В
12	Бухгалтерия	2122,6	63,16	0,80	97,4	36,8	160,6	В
13	Снабженческая служба	2079,0	68,42	0,78	98,2	31,6	166,6	В
14	Производственно-техническая служба	1378,4	73,68	0,52	98,7	26,3	172,4	В
15	Финансово-аналитическая служба	1273,8	78,95	0,48	99,2	21,1	178,2	С
16	Контрольные функции	1248,2	84,21	0,47	99,7	15,8	183,9	С
17	Кадровая служба	441,1	89,47	0,17	99,8	10,5	189,3	С
18	Внутреннее перемещение грузов	404,6	94,74	0,15	100,0	5,3	194,7	С
19	Всего Y:	265252	100,	100	х	0,0	х	

Точка на диаграмме Парето – это точка с координатами, для которой выполняется равенство $xi + yi = 100\%$. На диаграмме Парето это единственная точка с такими координатами, поэтому для ее нахождения необходимо построить прямую, содержащую множество точек Парето. Уравнение прямой исходя из приведенного соотношения, примет вид: $yi = 100\% - xi$ (рисунок 10).

Таким образом, точка Парето диаграммы распределения затрат будет иметь следующие координаты: *xi ≈ 24,8%, yi ≈ 75,23%*.

Диаграмма Парето имеет форму выпуклой кривой, построенная по отсортированным убывающим данным из таблицы 8.

Для всего класса диаграмм Парето, проходящих через точку с координатами (*xp; yp*), касательная с минимальным углом наклона к горизонтальной оси абсцисс будет проходить через точки с координатами (*xp; yp*), и (*100;100*) – прямая *AN*, а касательная с максимальным углом наклона к оси абсцисс будет проходить через точки с координатами (*xp; yp*), и (*0;0*) – прямая *OC*.

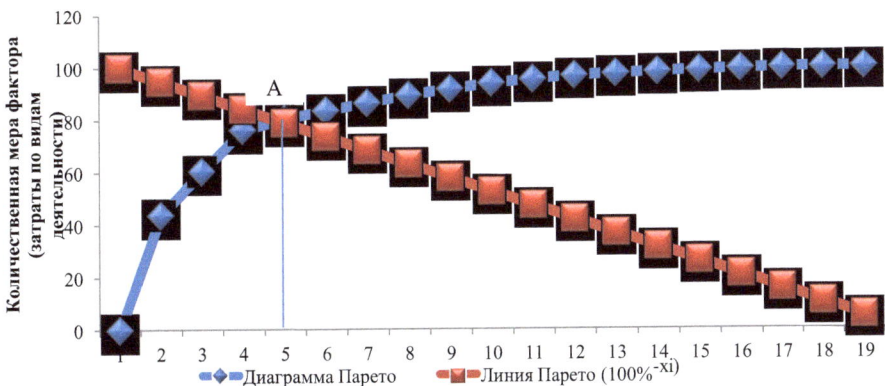

Рисунок 10 - Нахождение точки Парето на диаграмме

Точки на диаграмме Парето, имеющие наибольшую кривизну, являются точками перехода от хороших характеристик затрат к худшим значениям. Это связано с тем, что в этих точках диаграмма резко меняет угол наклона. Весь класс выпуклых, проходящих через точку (*xp; yp*), имеет критические точки с максимальной кривизной, *A* и *C*, поэтому именно они будут служить основанием ранжирования статей затрат на три класса (рисунок 11).

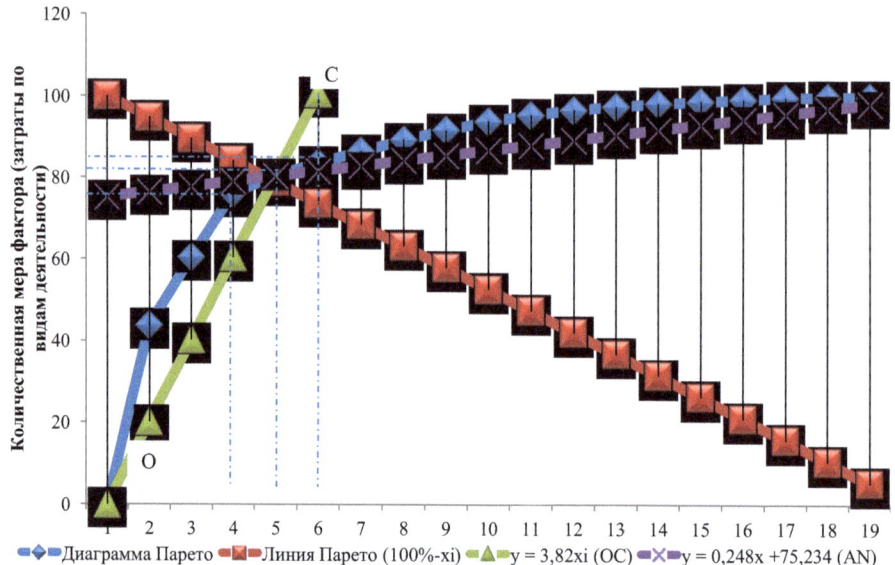

Рисунок 11 - Определение точек разделения затрат на классы

Находим координаты точки A, лежащей на прямой AN и пересекающей ось ординат. Подставив координаты точек ($21,05;\ 80,4$) и ($100;100$) в общее уравнение прямой:

$y = ax+b$, получим два уравнения с двумя неизвестными a и b:

$$\begin{cases} 100 = 100a + b \\ y_p = x_p a + b \end{cases} \Rightarrow a = \frac{100 - y_p}{100 - x_p};\ b = \frac{y_p - x_p}{1 - x_p/100}$$

Таким образом, общее уравнение прямой AN примет вид:

$$y = a = \frac{100 - y_p}{100 - x_p} x + \frac{y_p - x_p}{1 - x_p/100}$$

Подставим в него координаты точки Парето ($21,05;\ 80,4$).

$$y = \frac{100 - 80,4}{100 - 21,05} x + \frac{80,4 - 21,05}{1 - \frac{21,05}{100}} = 0,248x + 75,234$$

Таким образом, координаты точки A: ($0;\ 24,8;\ 75,23$).

Затем аналогично находится общее уравнение прямой OC:

$$y = \frac{y_p}{x_p} x$$

Уравнение прямой OC принимает вид: $y = 3,82x$ ($80,4/21,05$).

Тогда точка *C*, имеет координаты (*21,05 100*) или (100/3,82 = 26,17).

Для получения соотношения Парето необходимо определить координату x_a. В силу симметрии вытекает равенство отрезков:

$$x_a x_p = x_p x_c = 26,17 - 21,05 = 5,12$$

Следовательно, координата $x_a = 24,8 - 5,12 = 19,55$.

Таким образом, класс А: на 19,55% статей затрат приходится 80,45% общих затрат; класс С: на 81,9% статей затрат приходится 17,88% затрат.

Учитывая погрешность отклонения из-за малого количества статей, к классу *A* отнесем статьи с порядковыми номерами от 1 до 4 (20%); к классу *B* - статьи, порядковый номер которых с 5 по 15 (22,2 %), остальные отнесем к классу *C* (51,1%).

Таким образом, к классу *A* относятся 12,6% статей, на долю которых приходится 81,2% от общей суммы затрат, к классу *C* относятся 51,1% статей, на которые приходится 15,8% затрат. Класс *B* располагается между классом *A* и *C* и составляет 28,9% с общей величиной затрат – 68,9%.

К группе *A* отнесены статьи, затраты по которым значительно превосходят издержки на остальные нужды. К числу таких затрат относятся ФОТ с начислениями; затраты на теплоэнергоресурсы и коммунальные услуги; ремонт и обслуживание административно-бытового корпуса; прочие работы и услуги. Необходимо отметить, что большинство затрат относится к переменным. Измепение в сторону увеличения хотя бы одной из перечисленных статей может значительно ухудшить результаты деятельности компании.

Аналогично проведем ранжирование затрат на технологию по данным таблицы 9.

Таблица 9

Группировка затрат на технологию по убыванию для проведения ABC-анализа

№ п/п *i*	Наименование статьи	Сумма, тыс. руб., *yi*	Доля в кол *i/n*, (*xi*) %	Доля в сумме затрат нар. итогом (*yi*)	Диаграмма Парето	Линия Парето (100% -*xi*)	Сумма долей, *xi+yi*	Класс

69

№ п/п i	Наименование статьи	Сумма, тыс. руб., y_i	Доля в кол i/n, (x_i) %	Доля в сумме затрат нар. итогом (y_i)	Диаграмма Парето	Линия Парето $(100\% - x_i)$	Сумма долей, $x_i + y_i$	Класс c
1	металл	67722,8	9,09	30,86	30,9	90,9	39,9	A
2	прочие материалы	50777,9	18,18	23,14	54,0	81,8	72,2	A
3	щебень	48985,4	27,27	22,32	76,31	72,73	103,6	A
4	пар	26575,8	36,36	12,11	88,4	63,6	124,8	B
5	оплата труда с отчислениями от нее	8617,1	45,45	3,93	92,3	54,5	137,8	B
6	песок	7211,4	54,55	3,29	95,6	45,5	150,2	B
7	цемент	3868,2	63,64	1,76	97,4	36,4	161,0	B
8	эл/энергия	3086,4	72,73	1,41	98,8	27,3	171,5	B
9	вода	1977,3	81,82	0,90	99,7	18,2	181,5	C
10	стоки	325,4	90,91	0,15	99,9	9,1	190,8	C
11	сжатый воздух	321,6	100	0,15	100	0,0	200	C
12	Итого, Y	219469,4		100				

Опираясь на данные таблицы 9, построим гистограмму распределения суммы затрат на технологию (рисунок 12).

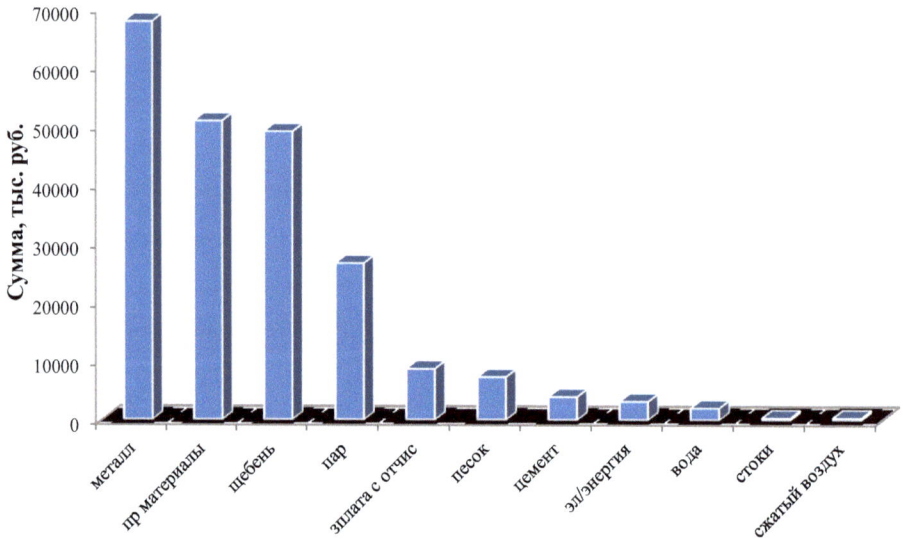

Рисунок 12 - Гистограмма распределения суммы затрат на технологию

В качестве параметра по оси абсцисс выбран порядковый номер статьи затрат в таблице 9 при упорядочивании по убыванию суммы за год. Построим диаграмму Парето по точкам координат, приведенным в таблице 9.

Точка на диаграмме Парето – это точка с координатами, для которой выполняется равенство $xi + yi = 100\%$. На диаграмме Парето точка с такими координатами существует единственная, и для ее нахождения необходимо построить прямую, содержащую множество точек Парето. Уравнение данной прямой будет $yi = 100\% - xi$ (рисунок 13).

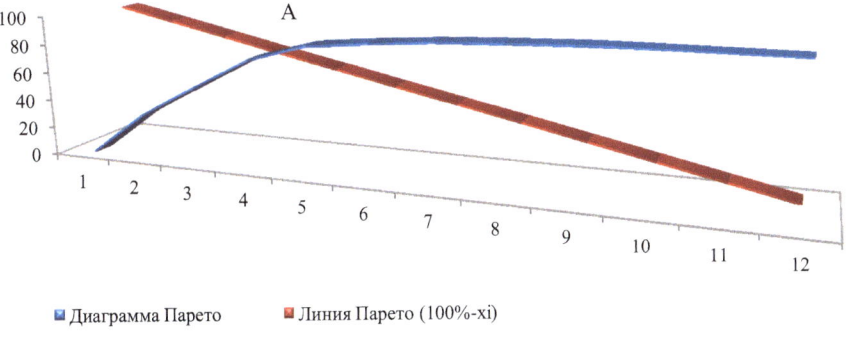

■ Диаграмма Парето ■ Линия Парето (100%-xi)

Рисунок 13 - Нахождение точки Парето на диаграмме

Таким образом, точка Парето диаграммы распределения затрат будет иметь следующие координаты: $xi \approx 21,05\%$, $yi \approx 80,4\%$.

Построенная по отсортированным по убыванию данным из таблицы 9 диаграмма Парето имеет форму выпуклой кривой.

Для всего класса диаграмм Парето, проходящих через точку с координатами (xp; yp), касательная с минимальным углом наклона к горизонтальной оси абсцисс будет проходить через точки с координатами (xp; yp), и ($100;100$) – прямая AN, а касательная с максимальным углом наклона к оси абсцисс будет проходить через точки с координатами (xp; yp), и ($0;0$) – прямая OC. Точки на диаграмме Парето, имеющие наибольшую кривизну, являются точками перехода от хороших характеристик затрат к худшим значениям. Это связано с тем, что в этих точках диаграмма резко меняет угол наклона.

Весь класс выпуклых, проходящих через точку (*xp; yp*), имеет критические точки с максимальной кривизной *A* и *C*, поэтому именно они будут служить основанием ранжирования статей затрат на три класса (рисунок 14).

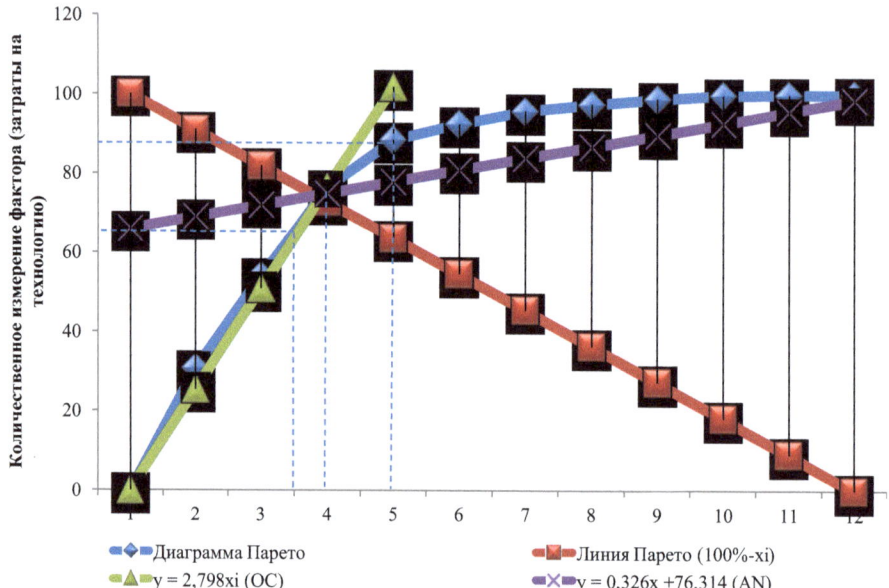

Рисунок 14 - Определение точек разделения затрат по технологии на классы

Нахождение точки *A*, лежащей на прямой *AN* и пересекающей ось ординат, произведем аналогично.

Подставим в него координаты точки Парето (*21,05; 80,4*).

$$y = \frac{100-85,14}{100-17,88}x + \frac{85,14-17,88}{1-\frac{17,88}{100}} = 0,181x + 81,9$$

Таким образом, координаты точки *A*: (*0; 24,8; 75,24*).

Затем аналогично находится общее уравнение прямой *OC*:

$$y = \frac{y_p}{x_p}x$$

Уравнение прямой *OC* принимает вид: *y* = 4,76*x* (85,14/17,88).

Тогда точка *C* имеет координаты (*21, 100*) или (100/4,76 = 21).

Для получения соотношения Парето необходимо определить координату x_a. В силу симметрии вытекает равенство отрезков: $x_a x_p = x_p x_c$ = 21 – 17,88 = 3,12. Следовательно, координата x_a = 17,88 – 3,12 = 14,76.

Таким образом, класс *A*: на 14,76% статей затрат приходится 85,14% расходов; класс *C*: на 81,9% статей затрат приходится 17,88% затрат.

Учитывая погрешность отклонения из-за малого количества статей, к классу *A* отнесем статьи с порядковыми номерами от 1 до 9 (20%); к классу *B*, статьи, порядковый номер которых с 10 по 22 (22,2 %), остальные отнесем к классу *C* (51,1%).

Таким образом, к классу *A* относятся 12,6% статей, на долю которых приходится 81,2% от общей суммы затрат, к классу *C* относятся 51,1% статей, на которые приходится 15,8% затрат. Класс *B* располагается между классом *A* и *C* и составляет 28,9% с общей величиной затрат – 68,9%.

К группе *A* отнесены статьи, затраты по которым значительно превосходят издержки на остальные нужды. К числу таких статей: затрат на металл, щебень. Необходимо отметить, что большинство затрат относится к переменным. Изменение в сторону увеличения хотя бы одной из перечисленных статей может значительно ухудшить себестоимость изделий, результаты предпринимательской деятельности компании и достижение целевой себестоимости.

При этом анализ по функциям выявил существенные затраты по энергоресурсам, в технологии они занимают только 13,9%,отсюда следует, что основная доля приходится на хозбытовые услуги. В результате необходимо поставить кайзен-задачу по выявлению причин такого расхода энергоресурсов.

Как показали исследования, информация, выдаваемая интегрированной системой (Таргет-Кайзен-АВ-костниг) необходима для:

1) Определения целевой себестоимости выпускаемого продукта (Таргет-костинг).

2) Анализа информации и принятия стратегических управленческих решений по оптимизации затрат (АВ-костинг).

3) Текущего планирования и проведения план-фактного анализа (Кайзен-костинг).

Отсюда, учет затрат подчинен логической схеме последовательного движения издержек производства от их элементов к месту возникновения затрат, а затем к носителю издержек – калькуляционному объекту. Элементы затрат в учете распадаются на многочисленные места затрат по видам деятельности, а затем через систему калькулирования распределяются по носителям издержек и группируются в статьи себестоимости – калькуляционным объектам.

Результаты применения механизма и информации выдаваемой от интегрированной системы показали, что учетная концепция создания функциональных центров затрат является важным инструментом интегрированной системы. Которая проявляется в том, что учетная информация о затратах по видам деятельности позволяет координировать финансовую информацию по затратам компании и нефинансовую информацию по показателям бизнес-процессов, выполнять контрольные задания по достижению целевой себестоимости. Так как, наряду с центрами затрат - структурные подразделения появляются виды деятельности, в разрезе которых аккумулируются затраты, которые на функциональной основе прослеживаются до основных носителей затрат.

Соотнося затраты по видам деятельности, менеджеры имеют информацию о прибыльных и неприбыльных продуктах, услугах, рентабельных и нерентабельных клиентах. Применив инструментарий стратегического управленческого учета при принятии решений об установлении целевой себестоимости, контрольных значений по ее достижению, сформировав ассортимент выпускаемых продуктов, задаются параметры по достижению запланированных результатов предпринимательской деятельности.

Таким образом, учет затрат на основе интегрированной системы «Таргет-Кайзен-АВ-костинг» позволяет более правильно производить перераспределение затрат по основным носителям затрат, осуществлять управление ими и результатами деятельности.

В интегрированной системе наибольшую нагрузку выполняет функциональный подход к распределению затрат и более полно отвечает задаче стратегического анализа «по цепи затрат», так как в его основе заложен принцип поглощения затрат видами деятельности, а не продуктами, что позволяет выявить наиболее дорогие виды деятельности и функции с целью их первоочередного доведения до целевой себестоимости.

Комплексный свод затрат на производство позволяет вырабатывать тактическую и стратегическую политику по управлению ресурсным потенциалом компании с целью повышения результативности функционирования предпринимательской деятельности, так как в общем виде позволяет оценивать виды деятельности и их долю в общих затратах. Кроме того, обеспечивает менеджеров информацией для оптимального сочетания и эффективного ее использования в проведении операционного и ABC-анализа, что позволит вводить более строгий режим экономии затрат и финансовых ресурсов компании по всем функциям управления через виды деятельности, потребляющие эти ресурсы для достижения целевых параметров по себестоимости.

Библиографический список литературы

1. Друри, К. Управленческий и производственный учет: учебный комплекс для студентов вузова / Колин Друри; пер. с англ. [В.Н. Егорова]. 6-е изд. – М.: ЮНИТИ-ДАНА, 2007. – 1423с.

2. Лукина В.Л. Бухгалтерский управленческий учет [Текст] / В.Л. Лукина. – Омск: Изд-во ОмГТУ, 2009. – 192с.

3. Оучи У. Методы организации производства: японский и американский подходы [Текст] / У. Оучи - М., 1984.

4. Портер, М. Конкурентная стратегия: Методика анализа отраслей и конкурентов [Текст] М. Портер; пер. с англ. 2-е изд. - М.: Альпина Бизнес Букс, 2006. - 454 с.

5. Cooper, R and Kaplan, R,S. (1992) Activity based systems: measuring the costs of resource usage. Accounting Horizons, September, 1-13.

6. Редченко К.Л. Японский след в стратегическом управлении затратами: Target Costing [Текст] / К.Л. Редченко (http://www.management.com.ua/finance/fin033.html).

7. Лукина В.Л., Лукин Д.С. Концепция интегрирования систем «Таргет-Кайзен-АВС-костниг», как основы повышения результатов деятельности компании [Текст] / В.Л. Лукина, Д.С. Лукин // В книге: Актуальные вопросы развития экономики материалы Международной научно-практической конференции. Омский филиал Финансового университета при Правительстве РФ и др. 2013. С. 344-350.

8. Лукина В.Л. Применение современных систем учета в управлении затратами и результатами деятельности компании [Текст] / В.Л. Лукина // В сборнике: Социально-экономическая политика России при переходе на инновационный путь развития материалы 6-й международной научно-практической конференции. Под общей редакцией: И. К. Мищенко, В. Г. Притупова. 2014. С. 138-142.

9. Лукина, В.Л. Функциональный подход к управлению затратами на предприятиях машиностроительного комплекса [Текст]: дис. на соиск. учен. степ. канд. экон. наук (08.05.11) / Валентина Леонтьевна Лукина; ОмГТУ им. Ф.М. Достоевского – Омск, 2005. – 146с.